SI LEONARDO DA VINCI FUESE TU CEO

Javier Cantera

SI LEONARDO DA VINCI FUESE TU CEO

LID

MADRID | CIUDAD DE MÉXICO | BUENOS AIRES | BOGOTÁ
LONDRES | SHANGHÁI

LID EDITORIAL

A member of:

BPR

businesspublishersroundtable.com

Editorial Almuzara S.L.
Parque Logístico de Córdoba, Ctra. Palma del Río, Km 4, Oficina 3
14005 Córdoba
www.almuzaralibros.com
www.LIDeditorial.com

EAN-ISBN13: 978-84-10221-35-2
Directora editorial: Laura Madrigal
Editora de mesa: Paloma Albarracín
Corrección: Paloma Albarracín
Maquetación: produccioneditorial.com
Diseño de portada: Juan Ramón Batista
Impresión: Cofás, S.A.
Depósito legal: CO-2195-2024

Impreso en España / Printed in Spain

Primera edición: febrero de 2025

Te escuchamos. Escríbenos con tus sugerencias, dudas, errores que veas o lo que tú quieras. Te contestaremos, seguro: *info@lidbusinessmedia.com*

A mi padre que me hizo
polímata, a Rosana que
desarrolló mi bienestar y
a mis hijos y nietos
que ponen a prueba
mi gestión de la incertidumbre (*sfumato*).

ÍNDICE

INTRODUCCIÓN

Siempre he deseado empezar uno de mis libros con una frase, para mí, totémica de Jorge Luis Borges, decía: «Los microscopios, teléfonos, espadas son extensiones de nuestros sentidos. Pero el libro es otra cosa: El libro es una expansión de la creencia y la imaginación»[1]. Espero que este sea una expansión de tu imaginación.

Y esta extensión de la creencia y la imaginación nos da pie al gran cambio profesional del momento en el que se escribe este libro. Hemos de posibilitar, educar, formar y crear profesionales con más poder de imaginación y menos poder de memoria. La memoria, como valor del experto, se hunde en una visión pretecnológica, que con las diferentes revoluciones tecnológicas: Internet, *big dat*a y ahora con la explosión de la inteligencia artificial (IA) incide en el menor valor de la memoria como valor del profesional. El conocimiento previo de una materia y todas sus variantes, dadas hasta el momento, se condensa en una consulta a la IA. Para no caer en una visión apocalíptica, la memoria necesita la imaginación, pero el énfasis está en la capacidad de reinventar, coinventar, copiar creativamente, interrelacionar inverosímilmente los conocimientos diversos. En fin, la capacidad de imaginación es la clave competencial del profesional pos-IA.

En esta concepción de «imaginación productiva» como la nueva hoja de ruta del valor profesional nos encontramos con la figura más excelsa: Leonardo da Vinci. Leonardo refleja esa capacidad de generar nuevas ideas y no solo ser el técnico especializado en su profesión. Y por esto, el libro trata de utilizar su metáfora vital para explicar la evolución del liderazgo en las empresas para competir desde la imaginación y no desde la experiencia[2].

Hoy día, una empresa es un cúmulo de expertos en diferentes materias que comparten una estrategia y una cultura, donde lo creativo no se exige, sino que simplemente somos unos buenos expertos. La excelencia profesional en un futuro cercano no se cifrará en una buena ejecución con eficacia y eficiencia profesional como lo hacemos ahora. Lo excelente será lo más imaginativo de tu área pero que produzca eficacia y eficiencia. ¿Pero la imaginación y la creatividad se pueden exigir como valor profesional? ¿Puede ser uno excelente por ser disruptivo y creativo? ¿Se puede hacer una organización eficiente con muchos profesionales que estén instalados en la imaginación y en la creatividad? Como veis, empezaremos bien haciéndonos preguntas para crear nuevas ideas, más que aseverando respuestas de las preguntas empresariales anteriores.

¿Por qué los éxitos anteriores son la mejor predicción de los éxitos futuros cuando estamos inmersos en un profundo cambio tecnológico? Como bien apreciaba Aristóteles: «Somos los que hacemos día a día»[3]. De modo que la excelencia no es un acto, sino un hábito. Y como hábito no se nos ocurre mejor figura que Leonardo da Vinci, polímata, multidisciplinar, creativo y, ante todo, tenía el hábito de imaginar.

No es un libro sobre Leonardo da Vinci, sino una reflexión actual del valor de un profesional utilizando las frases y conocimientos de Leonardo. Por eso hablamos de líderes y empresas leonardinas para poder explicar el ámbito del cambio de paradigma. ¿Y de donde surge esta idea? Pues hace ya tiempo, en 1995, creé una empresa que denominamos BLC (Business Learning Corporation), aunque los socios éramos españoles le pusimos un nombre en siglas y anglófono para poder vender y para hacer consultoría de recursos humanos. Pero queríamos darle una visión innovadora en este campo tan encorsetado y lleno de modas melifluas y nos fijamos en Leonardo da Vinci. Cuando estábamos configurando este modelo se publicó el libro de Michael J. Gelb, *Pensar como Leonardo da Vinci. Siete lecciones para llegar a ser un genio*, publicado en 1998 y traducido por la editorial Planeta en 1999[4]. Con su influencia empezamos a trabajar en BLC estas ideas que denominamos leonardinas y muchas de esas reflexiones, trabajadas durante veinticinco años, se reflejan en este libro. ¿Era BLC una empresa leonardina? Pues yo creo que no, era un intento y esbozo de esas ideas que veinticinco años después se integraron en AUREN por su sintonía cultural y convencimiento estratégico.

En este libro he intentado hacerme las preguntas que cambian nuestra forma de ser un profesional valioso:

- Si la tecnología es una obra humana que modifica nuestra respuesta de adaptación al entorno, ¿cómo no vamos a cambiar nuestro saber profesional?
- ¿Por qué solo nos preocupamos de cuestiones éticas sobra la IA y no sobre los cambios de conducta y psicológicos que conlleva?
- ¿No debemos tener unas nuevas actitudes hacia la tecnología? ¿Una nueva cultura de trabajo?
- ¿No tienen que cambiar la cultura y la estrategia empresarial?
- ¿No tiene que cambiar el estilo de liderazgo?

No podemos pensar que la tecnología no modifica las conductas porque en la historia hemos tenido cambios paradigmáticos como el arado, el telescopio, la imprenta, el internet, etc. Y, por tanto, hemos evolucionado a profesiones y a actividades diarias que suponen cambios de conducta en las personas propiciados por dichas tecnologías. Mi procedencia de la psicología científica vertebrará multitudes de hipótesis que lanzo en este libro, pero ante todo es mi experiencia en la gestión del cambio la que me dota de las ideas aquí expuestas. Ya que siempre he pensado en soluciones realistas y pragmáticas a lo largo de mi carrera, creo que los hábitos son mejores que las ideas. El mayor cambio es que no necesitamos pensar en que estamos transformando porque este es nuestro hábito, el hábito de cambiar. Curiosamente, hacer del cambio un hábito es la gran lección de Leonardo da Vinci cuando nos decía: «El aprendizaje es lo único que la mente nunca agota, nunca teme y nunca se arrepiente»[5]. Que no se agote nuestro hábito de poder cambiar.

En su libro *Hazlo tan bien que no puedan ignorarte*, Cal Newport[6] nos plantea que el éxito profesional se basa en evitar sueños, convertirte en artesano, evitar ascensos que no puedas controlar y pensar en pequeño, aunque tus acciones sean grandes. Este libro del 2012 ha quedado anticuado (aunque en 2024 se tradujo en España y se vendió como novedad) por la irrupción de la IA. La IA no tiene sueños, es perfeccionista como un artesano, nunca quiere tener un ascenso y piensa en las tareas diarias. Es decir, el éxito profesional contemplado por Cal Newport, doce años después, lo puede lograr una máquina, por tanto, ¿tenemos que renovar nuestra forma de pensar?, ¿los sueños, la imaginación, lo creativo y lo pasional son el reto que hoy tenemos para ser profesional?

Y ¿cómo cambiar? En este libro, siguiendo a Leonardo da Vinci, proponemos:

- Hay que cambiar el modelo del líder: ¿líder leonardino?
- Hay que cambiar el modelo de empresa: ¿empresa leonardina?
- Hay que cambiar el concepto del éxito profesional: ¿trabajo leonardino?

Con esta visión de líder, empresas y tipo de trabajo tenemos la orientación de nuestro cambio. Los conceptos de liderazgo y empresas leonardinas se detallarán en el libro, pero donde debemos enfocarnos es en el tipo de trabajo o competencias que denominaremos leonardinas. Siguiendo la estela del libro de Michael J. Gelb utilizando los siete elementos que Leonardo que planteo en su libro del *Tratado de pintura* analizamos el trabajo pos-IA[7].

Tabla I.1 Cuadro de conductas y competencias leonardinas

Valores leonardinos		**Conductas de trabajo**	**Competencias que ejercitar**
1	Curiosidad (*curiositá*)	Búsqueda constante del saber	Capacidad aprendizaje
2	Demostración (*dimostrazione*)	Aprender de la experiencia	Pensamiento crítico

Valores leonardinos		Conductas de trabajo	Competencias que ejercitar
3	Sensibilidad (*sensazione*)	Agudizar los sentidos	Inteligencia emocional
4	Tolerancia ambigüedad (*sfumato*)	Gestión de la incertidumbre	Resiliencia
5	Visión sistémica (arte/*scienza*)	Pensamiento integral e integrado	Integrar
6	Bienestar (*corporalitá*)	Cuidarse como personas	Bienser
7	Interdependencia (*connessione*)	Innovar por conectar realidades	Capacidad de interacción

Los empleados que quieren tener éxito profesional en este momento de disrupción tecnológica con la IA deben ser curiosos, con pensamientos críticos, sensibles, resilientes, con una visión sistémica, que busquen el bienestar y que se basen en generar conexiones singulares y creativas. Este es el perfil de competencias leonardinas.

La irrupción tecnológica necesita de estas nuevas competencias para encarnar un líder como Leonardo da Vinci. En muchos libros se pone el foco en cómo tienen que ser el líder y las empresas, pero en este libro nos centramos en el cambio conductual que debe manifestar el nuevo profesional y, por ende, cómo deben ser el líder y las empresas nuevos. En estas páginas analizaremos los siete elementos que implican transformaciones en las conductas profesionales, por tanto, estas son fruto de los hábitos de cambio que crean nuevas competencias que se pueden sintetizar en estos siete valores de Leonardo. No se trata de que todos seamos Leonardo da Vinci, sino de que aprendamos que el valor del trabajo ha cambiado. Igual que lo importante en la IA es saber preguntar a la máquina, tenemos que pensar que las nuevas competencias deben responder a estas preguntas.

- ¿El valor profesional no está en saber, sino en entender cómo preguntar para adquirir más conocimientos y de una manera diferencial a los demás?
- ¿El valor profesional está en tener experiencias? ¿O el valor está en aprender críticamente de nuestros fracasos y éxitos?
- ¿El valor profesional está en tener inteligencia competitiva o en la capacidad de gestionar emociones en las diferentes soluciones que nos ofrece la IA?
- ¿El valor profesional está en tener certezas o en gestionar tu incertidumbre como un elemento natural de tu trabajo?
- ¿El valor profesional está en el éxito organizativo o en el bienestar de propósito? ¿Se puede tener resultados profesionales sin bienestar personal?
- ¿El valor profesional está en conocer mucho de una materia? ¿O está en conexionar tus conocimientos originalmente con otros?

Estas preguntas (*prompt* en jerga IA) son las que han guiado el planteamiento de este libro, con la estructura de los valores de Leonardo da Vinci propongo un cambio de paradigma que implica más que saber responder, saber preguntar. Evolucionaremos de ser aquel profesional que es un repositorio único del saber experto acumulado por la experiencia, hemos pasado a ser aquel profesional depósito de creatividad e imaginación que genera nuevos conocimientos fruto de su singular capacidad de aprendizaje y de la hibridación de sus conocimientos.

Hoy en día estamos inmersos en la moda del propósito empresarial, que ya lo había explicado Leonardo da Vinci diciendo: «Haz que tu trabajo se ajuste a tu propósito»[8], el propósito personal y profesional es la base del nuevo empleado. El trabajo debe ser expositivo de tu querer ser y, por tanto, como una reflexión final en esta introducción, veremos que es en el propósito personal y profesional donde la selección actual de profesionales y empresas debe enfocarse. No queremos currículos llenos de éxito y títulos, si no que tenemos que indagar si su propósito coincide con el de la empresa, que la cultura y estrategia actuales de la empresa enmarcan unas necesidades que puedan satisfacer a los empleados.

Para terminar esta introducción, a vuelo de pájaro, como los que gustaba observar a Leonardo da Vinci, me gustaría poner encima de la mesa seis rasgos biográficos de Leonardo que me llevan a reflexionar sobre su relevancia en nuestro actual período de transformación tecnológica[9]. Y son:

- **Leonardo no tenía apellido.** Su apellido alude al lugar en el que nació, da ('de') Vinci. Ser hijo bastardo lo llevó a arrastrar un estigma de ilegitimidad y para poder superar esta situación hubo de gestionar mucha adversidad. A pesar de que pudo colocarse de aprendiz en talleres de grandes pintores, siempre era el ilegítimo. Hoy día, hemos visto que la resiliencia es un valor emergente en el mundo profesional, y por ello aprender a gestionar la adversidad fue una constante en su vida. La multitud de traslados buscando nuevas vidas, solo le dieron un mayor bagaje de cambio. Estaba habituado a mutar, incluso cuando manifestaba que cada diez años empezaba a estudiar otro idioma, estaba buscando una identidad propia, una más allá que no poseer más que un apellido topónimo. No tenía ninguna atadura y solo quería aprender.
- **Leonardo era homosexual en tiempo de persecución social.** Las acusaciones de sodomía lo enfrentaron con la incomprensión social, pero no le importó y supo crear un mundo de relaciones con aprendices y colegas. El sentirse diferente en un contexto donde lo normal era muy estricto conllevaba también una enorme capacidad de resistencia y establecer la importancia del bienestar personal frente a la norma social. Apostó por el bienestar y no solo por el beneficio profesional.
- **Leonardo tenía talento múltiple.** Casi todo el mundo dice que era pintor, pero era pintor, artesano, arquitecto, paleontólogo, artista, científico, escritor, escultor, filósofo, ingeniero, inventor, mecánico y... un gran cocinero. El talento múltiple no es peor que el talento exclusivo, es más, permite crecer en ámbitos diferentes a la vez. Ser polímata en un mundo donde el conocimiento está en la máquina es una ventaja más que un inconveniente.
- **Leonardo era zurdo y escribía al revés.** Independientemente del simbolismo de la zurdería con la creatividad, por cierto,

no demostrado científicamente, lo interesante es su capacidad de adaptación, estableció un modelo de escritura al revés, que además de servirle a él, le permitía encriptar sus investigaciones para evitar robos de ideas. De nuevo, vemos que tenía una gran capacidad de adaptación ante las dificultades de la vida.

- **Leonardo fue un gran aprendiz.** Su tiempo de aprendizaje fue largo y proceloso, y determinó su tiempo de maestro. Muchas veces hablamos de la figura del maestro como un genio, pero la creatividad necesita del aprendizaje de oficio, se aprende a ser creativo; eso sí, dos personas pueden haber tenido el mismo proceso de aprendizaje, pero por sus valores (curiosidad, gestión de la incertidumbre, etc.) uno desarrolla más la creatividad y otro se convierte en un gran técnico. Ser aprendiz es condición necesaria y no suficiente para ser un genio.
- **Leonardo era vegetariano.** Amaba los animales y de ese respeto nace su propuesta vegetariana. Amar a los animales le lleva a analizarlos y multitud de inventos tienen su origen en esta meticulosa observación. El mundo de las aves, las corazas de las tortugas, etc., son ejemplos reales que le sirven para establecer artilugios y entornos operativo. Copiar la naturaleza demuestra su respeto y la capacidad de entenderla como fuente de inspiración.

En fin, como veremos en el libro, por su biografía, Leonardo es un ejemplo de resiliencia, incomprensión social, capacidad de atención, de diversidad atencional, de aprendiz eterno y de observador infalible. Como decía el propio Da Vinci, a veces se aprende más a través de los contraejemplos, es decir, un ejemplo que prueba la falsedad de un enunciado, los propios ejemplos y las excepciones de lo que consideramos normal y habitual nos sirve para ser creativos[10].

Este libro lleva más de veinticinco años en mi cabeza y he podido experimentar algunas ideas en mis aventuras empresariales, por lo que espero que os sirva como modelo, por eso en las conclusiones tenéis una propuesta de entrenamiento en estas nuevas habilidades pos-IA. Crear el hábito de cambiar desde los valores leonardinos nos lleva a visualizar el éxito profesional de otra forma. Este éxito empieza y acaba en tu propósito personal y profesional. Es necesario orientar la educación, el entrenamiento, las empresas y el liderazgo a esta nueva realidad empresarial que nos define a partir de las nuevas disrupciones tecnológicas. Poner el foco en tus preguntas de propósito generará las nuevas respuestas de ser un buen profesional.

Y espero no caer en lo que dice Leonardo da Vinci en este aserto: «El peor mal que se puede hacer un artista es creer que su obra deberá parecer buena a sus propios ojos». Espero ver las imperfecciones y las dudas que me genera este humilde libro para seguir invirtiendo en mi entrenamiento en genialidad. Como ya he dicho, saber hacer preguntas es básico y la inquietud de cuestionar la realidad se junta con mi pragmatismo castellano que me dice: «No da quien quiere, sino quien quiere y tiene»[11]. Espero que el libro sea más que mi querer y aporte una nueva visión del valor y del éxito profesional.

Y como el futuro es un continuo preguntar, aquí os lanzo mi pregunta profesional preferida, la que me hago todos los días:

¿Cuándo fue la última vez que hiciste algo por primera vez?
El mejor hábito es el de saber cambiar.

1
NUEVA CULTURA DEL TRABAJO

Desde hace varios años presido la Fundación Personas y Empresas, cuya razón de ser está en encontrar la homeostasis entre los esfuerzos de las empresas y los que deben desarrollar las personas. No se puede decir siempre que la culpa es de la empresa e, igualmente, no se puede manifestar que son solo las personas las que no consiguen los resultados. Este equilibrio inestable de propósitos (el de la empresa y los de los empleados) nos llevó hace años a crear esta fundación para hacer un análisis continuo de esta dialéctica. Por tanto, ¿qué tiene que cambiar en la empresa y a su vez que tiene en las personas para que este equilibrio se restablezca adecuadamente?[1]

Después de la crisis mental que supuso el COVID-19 se han manifestado tres grandes cambios:

- Desafección hacia la empresa como ecosistema social.
- Cambio de valores del porqué se trabaja.
- Desorientación mental con sus repercusiones en la salud mental.

Y a estas consecuencias lógicas de la descolocación humana que supuso la pandemia por su entorno de miedo, le sumamos ahora la disrupción tecnológica que supone la IA, lo que entreteje el miedo a ser sustituidos por las máquinas con el fantasma de la vulnerabilidad frente a un imperceptible virus. Es decir, estamos en una tormenta perfecta que debemos analizar para evitar una parálisis o repetir modelos caducos de gestión de personas. En relación con los miedos a la IA hay que destacar un atávico miedo a perder el empleo que se traduce en tres justificaciones mentales para rechazar una visión positiva de la IA. Estas justificaciones del miedo son[2]:

- Pérdida del valor profesional. Mi trabajo no va a tener valor.
- Significación del trabajo pos-IA. Mi trabajo tendrá menos valor.
- Éxito profesional. El éxito empresarial no sería debido a los logros de los profesionales.

En fin, tanto el paréntesis laboral del COVID-19 como el temor emergente a la irrupción tecnológica generan una cosmovisión negativa de la cultura del trabajo prevalente previamente. ¿Cómo vamos a estar ilusionados cuando estamos rodeados de reflexiones negativas sobre el trabajo? ¿Trabajar para qué?[3]

Estamos ante una nueva época de transformación, y como todo momento de renacimiento, tenemos que actualizar los modelos mentales. Si en el Renacimiento, tras la procelosa Edad Media, se fue a Grecia y a Roma a buscar nuevos modelos que permitieran a la humanidad dar un salto cualitativo, en este momento es hora de analizar el propio Renacimiento como modelo evocador de nuevas actitudes y visiones que nos permitan cambiar. Hete aquí la figura de Leonardo da Vinci como la inspiradora de nuestra transformación y ejemplo metafórico que nos sirve para descubrir el valor del cambio en la cultura de trabajo.

Con una perspectiva de psicólogo del trabajo, me gustaría analizar los miedos que nos rodean para crear una nueva cultura del trabajo, basándome en Leonardo da Vinci, y que nos permita ver por dónde se produce el cambio en las empresas tras el COVID-19 y la IA.

Gráfico 1.1 Nueva cultura del trabajo

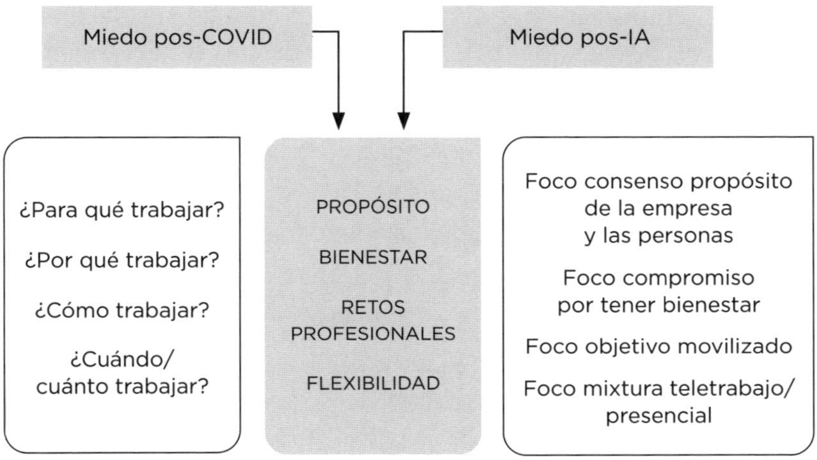

El miedo actual se combate con propósito, bienestar, retos y flexibilidad, por tanto, no buscamos solo seguridad, éxito profesional, estabilidad y horarios.

Como hemos visto, la nueva cultura de trabajo debe tener esta lógica.

Gráfico 1.2 Lógica de la nueva cultura del trabajo

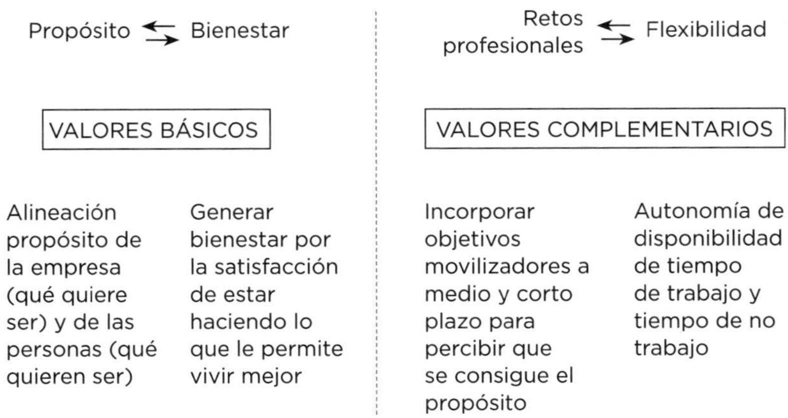

El propósito y el bienestar son los valores tractores iniciales que se complementan con trabajar por retos y con flexibilidad[4].

1. Miedos y la nueva cultura del trabajo

Con esta premisa debemos considera los diferentes miedos en este multianálisis que nos permite englobar todas las tendencias de la nueva cultura del trabajo. Vamos a analizar los miedos en la doble perspectiva del propósito y del bienestar planteando los nuevos valores del trabajo.

Tabla 1.1 Análisis de miedos y nuevos valores del trabajo

		Propósito	**Bienestar**
Miedos pos-COVID	1. Desafección con la empresa	Más propósito personal	Equilibrio de vida
	2. Cambio de valores del trabajo	Crecimiento personal	Calidad de vida laboral
	3. Desorientación mental	Anclaje de autoeficiencia	Desconexiones energéticas
Miedos pos-IA	1. Valor profesional	Más allá de la profesión	Conciliación personal
	2. Significación pos-IA	Valor *per se* del trabajo	Focalización de esfuerzo
	3. Éxito profesional	Éxito personal	Ser mejor persona

En relación con el propósito tenemos que apostar por el crecimiento personal y la autoeficacia para superar los miedos, en cuanto al bienestar debemos apostar por la calidad de vida y la focalización laborales. Estos conceptos proceden de un análisis sistemático de los libros que hablan de crisis pos-COVID y de la irrupción de la IA en los últimos tiempos.

Pero ¿cómo conseguimos mejores propósitos, bienestar, retos profesionales y flexibilidad en un modelo socioeconómico del siglo XXI? La única manera es trasmutar el molde mental y pasar de tener empresas canónicas a desarrollar empresas renacentistas. Y asumiendo el ejemplo vital de Leonardo da Vinci como ideal-tipo de nuestro cambio mental.

Leonardo fue un artista con enorme propósito, asumía muchos trabajos de «orden alimenticio» como decía Luis Buñuel en su biografía[5], para tener claro su objetivo de aprender constantemente y crear nuevos ingenios fruto de su imaginación. Además, buscaba su bienestar combinando estudios que le producía bienestar con aplicaciones que cobraba por ella, y también aceptó retos profesionales diferentes que le permitieron crecer profesionalmente, como por ejemplo el famoso caballo de Leonardo da Vinci que le pidió Ludovico Sforza. Leonardo le pidieron que lo esculpiera con las patas anteriores alzadas, pero tenía problemas de estabilidad; al final hizo una escultura en arcilla fruto de un estudio durante diez años que no se llegó a fundir en bronce por las guerras en las que participó Ludovico. Resolvió el reto intelectual, aunque no se hiciese en realidad[6]. Estos retos a lo largo de la carrera de Leonardo le permitían crecer, aprender y engrandecer su autoestima. Y finalmente Leonardo era la flexibilidad en persona, según avanzaba en sus estudios iba moldeando sus inventos, llevando sus investigaciones a diferentes momentos y por diversos derroteros. Leonardo representaba esta nueva cultura del trabajo pos- (pos-COVID + pos-IA) orientada a tener un presente con enorme dosis de incertidumbre.

Vamos a analizar las doce áreas de trabajo de la nueva cultura de trabajo que la hemos caracterizado como:

1. **Propósito**

   Pregunta clave: ¿Qué quieres ser de mayor?

   - Más propósito personal. La antigua cultura del trabajo cifraba fundamentalmente el éxito en el ámbito profesional (mayor puesto, mayor salario, mayor estatus), en la nueva cultura de trabajo el éxito se basa más en la realización personal a través de tu trabajo. El trabajo es una parte, importante, pero no única en tu propósito.
   - Crecimiento personal. La cultura de trabajo que ponía foco en el crecimiento profesional en primer lugar (y en algunos casos en el único lugar) ha pasado a dotar de valor intrínseco al desarrollo personal. Si no creces como persona y no equilibra tu propósito personal, tendremos una sensación de vacuidad en tu propósito profesional. Éxitos

profesionales sin crecer como persona nos lleva a tener una visión efímera de la realización y no tener sostenibilidad en nuestra productividad.

- Anclaje en la autoeficacia. El gran psicólogo Edgar H. Schein planteó su teoría de los anclajes o anclas de carrera[7]. Un ancla de carrera es una combinación de las áreas autopercibidas de competencias, motivaciones y valores de una persona que es una parte esencial de su yo. Es decir, el conglomerado de saber, querer y tener personal que le define como profesional. Las ocho anclas que nos menciona, han evolucionado mucho desde los años ochenta cuando Schein hizo la teoría de los anclajes profesionales:

Tabla 1.2 Teoría de anclajes de Schein

		Trabajar para
1.	Ancla técnica/funcional Ejercitar de sus habilidades en un área	Hacer su profesión
2.	Ancla directiva Coordinar los esfuerzos de otras personas	Gestionar personas
3.	Ancla autonomía/independencia Valora su autonomía y flexibilidad de trabajo	Hacer lo que le gusta
4.	Ancla seguridad/estabilidad Sienten seguridad económica a largo plazo	Tener estabilidad
5.	Ancla servicio/dedicación Luchar por el logro de un valor o convicción	Un valor
6.	Ancla puro reto Orientar a resolver problemas difíciles	Un reto
7.	Ancla estilo de vida Integrar y armonizar todos los intereses de la vida	Un estilo de vida
8.	Ancla emprendedora Motiva conseguir resultados por sus esfuerzos	Una creación de su empresa

Las anclas 1, 2 y 4 han retrocedido en nuestra actual cultura de trabajo creciendo mucho la 3, 6, y 7. Menos trabajar como experto, directivo y tener seguridad, y más trabajar con autonomía, por retos y manteniendo nuestro estilo de vida. La 5 está muy orientada al desarrollo de la ONG o instituciones sociales y el ancla 8 al mundo de los emprendedores. Los anclajes evolucionan según el crecimiento social y el cambio tecnológico, siendo las anclas de autonomía, reto y estilo de vida fundamentales en este momento histórico pos-COVID y pos-IA.

Este cambio profundo en las anclas de carrera nos lleva a replantear la teoría de Edgar H. Schein proponiendo una nueva ancla. La he denominado «ancla de autoeficacia» como aquella que se orienta a fortalecer la autoestima a través de tener seguridad en tus competencias. Aquí junto, con otro concepto del gran psicólogo Albert Bandura: la autoeficacia[8]. Esta es la percepción o creencia personal de las propias capacidades en una situación determinada. Pasar a tener seguridad como profesional por lo que sabemos, queremos y podemos hacer. Tener autoeficacia nos da más autonomía, fuerzas frente a los retos y mayor nivel de saber cuál es nuestro estilo de vida.

Para el concepto de anclaje de la autoeficacia me sirve la metáfora de Leonardo da Vinci, cuando sabía decir no a un posible trabajo encargado y simplemente aceptaba aquellos trabajos que le daban seguridad por sus capacidades para realizarlo[9].

- Más allá de la profesión. La nueva cultura de trabajo no necesita una tarjeta de presentación por tener un determinado puesto, cargo o título. Este cambio es fundamental porque pasamos de descripciones unidimensionales de las personas solo por su éxito profesional, a tener diversas tarjetas vitales y cifrar el éxito en una visión multidimensional. Cada vez más, los profesionales quieren ser recordados por sus compromisos personales, sociales y ambientales. No estar limitados por una profesión y tampoco te define tu profesión. Quieren ser recordados por una visión amplia de ser humano.

- Valor *per se* del trabajo. Esta cultura del trabajo valora más lo que aporta un trabajo como reto personal y profesional, como valor social, como valor organizacional que genera repercusiones en su sociedad y se asocia a un nivel de prestigio. Esto no quiere decir que no tenga en cuenta las condiciones del trabajo, sino que supedita las condiciones a las variables del bienestar que te puede ofrecer el trabajo. En mi libro *La salud mental en la empresa* destaco los diez ecosistemas que genera bienestar y malestar en la empresa, y queda claro que desde tener bienestar de tarea es importante para tener un propósito como profesional y persona[10]. El valor intrínseco de lo que haces (aunque no sea el 100 % de tu día a día) posibilita tener un buen propósito. El propósito empieza por una tarea consistente.
- Éxito personal. La comparación social sobre el éxito personal nos lleva a la eterna discusión: ¿qué es el éxito?, ¿el éxito profesional sin el personal es posible?, ¿y el personal sin el profesional? Decía Sigmund Freud: «La única persona con la que debes compararte es con la persona que eras ayer. Esa es la persona a la que debes superar y en la que debes fijarte para ser mejor»[11]. El éxito es una ecuación personal igual que en tu felicidad, el éxito social depende de con quién te compares. Como dice Bertrand Rusell en su maravilloso libro *Elogio de la ociosidad*: «La creencia de que el trabajo es una virtud ha causado enormes daños»[12] y pensar que si no se trabaja no eres nadie, está generando una enorme carga de ansiedad cultural. Trabajar es una variable básica de la felicidad y de tu éxito, pero no es la única, y, por tanto, el éxito profesional es una parte de tu éxito personal. El éxito personal es un concepto menos comparable que el éxito profesional y, por tanto, genera un menor nivel de ansiedad.

Como hemos visto, este eje del propósito nos lleva apostar más por la persona que por el profesional, para que su crecimiento a través del trabajo significativo basado en sus competencias nos lleve a un merecido éxito personal. El cual será único y exclusivo y generará tu identidad humana.

2. **Bienestar**
   Pregunta clave: ¿cómo quiero vivir mi día a día?

   - Equilibrio de vida. La palabra no es conciliación sino equilibrio. Conciliar significa dejar de hacer algo para hacer otra cosa, en cambio equilibrio pretende evitar las rigideces de dedicación y de conciliación. Equilibrar es que en cada momento hay que priorizar unos objetivos sobre otros, y no significa dejar algo sino tener que hacer otra cosa. Equilibrar pretende que la persona sea única y no vivir el trabajo como una obligación sino como un elemento de desarrollo personal. Hay que sustituir la visión del trabajo-sudor —como decía el pasaje bíblico: «Ganas el pan con el sudor de tu frente» (Gn 3, 19)[13]—, por la visión del trabajo-realización, es decir, una parte importante de ser persona es tener una realización personal a través del trabajo.

     Con esta visión del trabajo-realización, el equilibrio es entre ámbitos enriquecedores, y no una consideración de conciliación como un proceso entre más ámbitos queridos y otros solamente necesarios. Equilibrar tu vida pasa por compensar tres ámbitos.

Gráfico 1.3 Equilibrio ideal entre los tres ámbitos

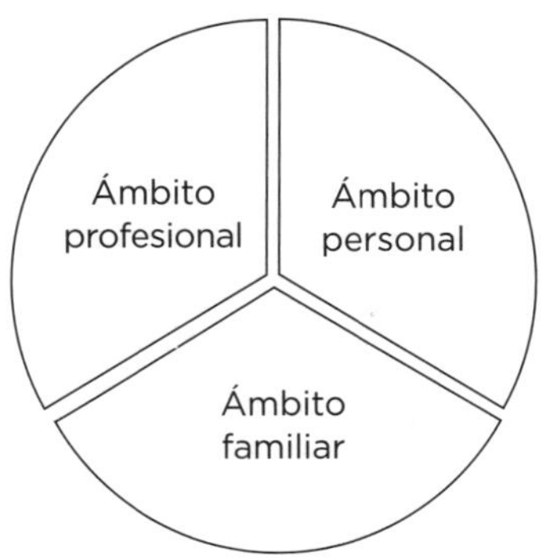

No se trata de una mera conciliación entre el ámbito laboral y familiar. Necesitan que el equilibrio esté compensado entre los tres ámbitos. Nuestros roles vitales tienen los tres ámbitos explicativos que deben equilibrarse porque obviar tu desarrollo personal y solo generar palancas vitales en la familia y en el trabajo provoca descompensación. La visión de equilibrio no es cuestión de tiempo diario tasado, sino tiempo dedicado por momentos vitales distintos. Hay momentos de mayor dedicación laboral, otros de más dedicación familiar y, cómo no, otros de más dedicación personal. La vida definida por su tiempo limitado debe generar una única ecuación personal de equilibrio entre los tres ámbitos. La conciliación es del siglo pasado, hoy hay que buscar el equilibrio, cuya armonía crea una cultura de trabajo sana y, además, posibilita un trabajo más productivo.

- Calidad de vida laboral. La cantidad de tiempo es un criterio medible con cualquier control horario. Pero ¿cómo se mide la calidad del trabajo? Por eso, tenemos que valorar mejor el tiempo en sí mismo. Decía James Baldwin: «The time is always now» ('el tiempo siempre es ahora')[14], asimismo, los escolásticos, decían: «nunc stans», es decir, que el tiempo era como el presente eterno, es decir, vivir el tiempo sin tránsito[15]. La calidad de vida laboral debe incluir tiempo improductivo para ser productivo. Hay tres dimensiones que considerar a la hora de valorar el tiempo improductivo como generador de bienestar:
    - Dimensión creativa. Dedicar tiempo para hacer cosas importantes y no solo urgentes. Si tu día a día en cualquier ámbito no para de satisfacer necesidades perentorias, no sabrás tener tiempo para pensar más allá del ahora. Tiempo improductivo para pensar.
    - Dimensión contemplativa. Dedicar tiempo para pensar en algo que no sea lo que estás trabajando y utilizar técnicas contemplativas que nos sirvan para tener tiempo para aburrirse. Tiempo improductivo para no hacer nada.
    - Dimensión descanso. Saber dormir y descansar es básico para la calidad del tiempo. La leyenda de que dormir es perder el tiempo es uno de los grandes mitos sociales que tenemos que combatir. Descansar es básico para tener calidad de vida laboral. Tiempo improductivo para descansar.

En este sentido debemos analizar la rutina diaria de Leonardo da Vinci. Todo el mundo se pregunta: ¿cómo Leonardo era tan productivo?, por su concepción del tiempo, que muchos críticos de arte creen que incorporo en la pintura. Para Leonardo «el instante es intemporal» y «el tiempo que surge merced al momento del instante y los instantes son partes finales del tiempo»[16]. Según sus escritos Leonardo da Vinci tenía un horario muy diferente de una visión clásica del tiempo productivo:

- Se despertaba temprano, a menudo antes de amanecer.
- Pasaba la mañana realizando trabajos creativos (pintar y dibujar).
- Por las tardes en tareas administrativas.
- Tomaba una siesta para refrescar la mente.
- Pasaba bastante tiempo paseando y observando la naturaleza.
- Se iba a la cama temprano.

Este horario de Leonardo da Vinci tiene calidad por tener muchos tiempos creativos, contemplativos y de descanso.

- Desconexiones energéticas. En el libro publicado en 2024[17] por Marc Zao-Sanders (fundador de Filtered.com, empresa de tecnología de aprendizaje) nos habla del método *timeboxing* donde vuelve a plantear que planificar el tiempo es la base de la eficacia y encuadrar las tareas en tiempos tasados está en el inicio de la productividad. Pero enseguida se ve que no deja tiempos de descanso, creativos ni contemplativos, entre tipos de tareas e, asimismo, no se da cuenta de que realizar tipos de tareas diferentes correlativamente es un foco de productividad. La atención sostenida durante mucho tiempo provoca ineficacia y desmotivación. Hay que alternar tiempo de atención focalizada con momentos de atención distribuida. En el libro *El valor de la atención*, Johann Hari[18] deja claro que la utilización de diferentes tipos de atención es un instrumento para generar eficacia. Tu eficacia se inscribe en momentos de atención focalizada, pero también en tiempo de desconexión energética. El tiempo como instante nos lleva a considerar tiempos muertos, que no son muertos sino diferentes, como un elemento productivo en una cultura del trabajo.

Se puede hablar desde una perspectiva neuroquímica de las desconexiones energéticas, es decir, cómo deben utilizar todos los tipos de neurotransmisores que interviene en la química de la felicidad y que resumo en este gráfico[19]:

Gráfico 1.4 Química de las desconexiones energéticas

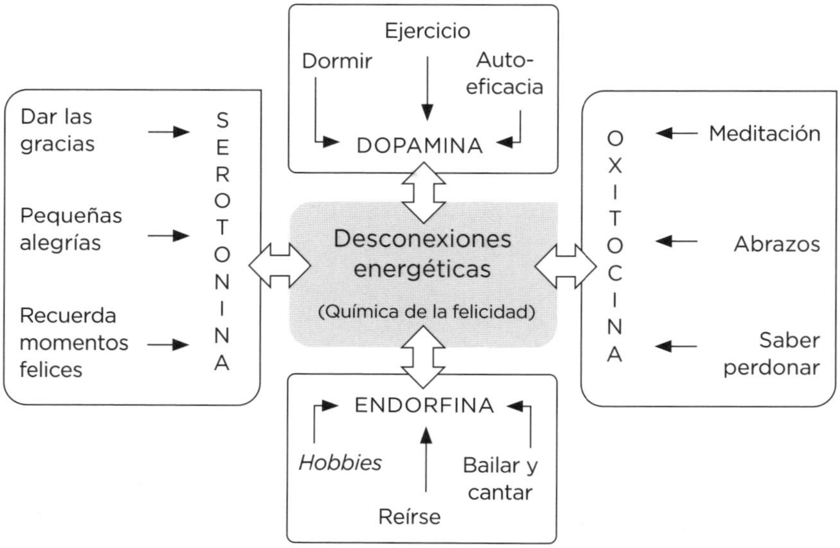

Toda desconexión energética debe intentar generar alguno de estos cuatro neurotransmisores (dopamina, oxitocina, endorfina y serotonina), lo cual nos da un valor personal para mejorar tu relación con el trabajo. Leonardo da Vinci abordó el conocimiento de la naturaleza desde una perspectiva integral, promoviendo un pensamiento sistémico en el que la capacidad integradora del cerebro desempeña un papel fundamental. La neurociencia debe acompañar para generar una nueva cultura de trabajo. He aquí la pregunta fundamental: ¿el trabajo te permite desarrollar a diario tu dosis adecuada de estos cuatro tipos de neurotransmisores? ¿Has dado abrazos, reído, dado las gracias y dormido lo suficiente para ser feliz?

De aquí la importancia de entender el bienestar desde una base neurológica y la nueva cultura de trabajo debe considerar una reflexión sistémica del valor del trabajo. Hoy día, se está desarrollando el concepto pausa activa, que se trata de que, cada dos horas, el trabajador realice actividades como caminar, estirar, ejercicio, teniendo en cuenta que a través del ejercicio generamos mayores niveles de motivación y productividad. Y debemos incorporar actividades sociales a las personas para elevar el nivel de neurotransmisores que estén involucrados en la química de la felicidad.

- Conciliación personal. Como hemos analizado en el concepto de equilibrio de vida, debemos considerar que tiempo personal no es el dedicado ni al trabajo ni a la familia. No es tiempo perdido sino invertido en tu autoestima. Es importante tener un concepto diferente del éxito de una persona. El éxito en el negocio y en el ocio es incompleto, porque es una ecuación personal donde el éxito debe tener multitud de facetas. Centrarse solo en la empresa o en tu familia o en tus *hobbies*[20]... Hay que visualizar que el éxito es multidimensional y complementario. La interrelación entre los diferentes éxitos (trabajo, familia y personal) es evidente, un éxito no acompasado por otro tipo de éxitos genera descompensación que nubla cualquier estrecha visión positiva de tener solo éxito en la empresa.

Leonardo da Vinci habla de que hay que saber a qué dedicamos tiempo y esfuerzo, no elegir tareas equivocadas y tener tiempo de pensamiento es una de las claves de éxito. Decía: «No hay mejor maestría que el dominio de uno mismo». Y también formula una declaración esencial para tu conciliación personal: «Si no puedes hacer lo que quieres, debes querer lo que puedes hacer». Y, finalmente, Leonardo pone el foco sobre la necesidad de las personas en tener conciliación personal cuando dice: «De vez en cuando, desaparece, tómate un pequeño descanso, para que cuando vuelvas a tu trabajo tu juicio sea más acertado. Toma cierta distancia, porque así el trabajo parece más pequeño, la mayor parte se puede asimilar en un abrir y cerrar de ojos, y la falta de armonía y la proporción es más fácil de ver»[21].

- Focalización del esfuerzo. El esfuerzo continuo crea situaciones estresantes. El mantenimiento de este tipo de esfuerzo facilita la rutinización del trabajo y una falta de significación. El esfuerzo está sobrevalorado, el trabajo duro es una fantasía fruto de un modelo de meritocracia basado en el tiempo como medidor de la vida. Hoy día, hay que basarse en un modelo de calidad del esfuerzo en momentos de atención focalizada. Poner el foco en ámbitos específicos es muy propicio en un mundo pos-IA, porque esforzarse en todo y todo el tiempo lo que genera es una continua preocupación sin poner el foco donde merece la pena.

  En esta focalización del esfuerzo es importante el tiempo de ser aprendiz. Leonardo da Vinci fue mucho tiempo aprendiz, en concreto seis años con Andrea de Verrochio. Es muy importante tener un buen maestro que te enfoque adecuadamente el esfuerzo. La práctica deliberada es un término establecido por K. Anders Ericsson que luego Malcom Gladwell[22] desarrolló con su concepción de que para ser un experto es necesario, al menos, 10 000 horas de práctica. En el 2020 se estableció una controversia entre Ericsson y otro equipo de investigadores de Macnamara y Hambrick, se trataba de que no en todos los casos la práctica deliberada determina la maestría. Por tanto, el esfuerzo hay que focalizarlo para evitar un estado continuo de tensión de trabajo. No siempre una práctica deliberada genera maestría, sino el saber alternar esta práctica con maestros de reflexión de para qué hacemos lo que hacemos[23].

- Mejor persona. El bienestar es diferencial, después de la irrupción de la IA, nos tenemos que significar siendo mejor persona. Hasta hace poco el ser buena persona no era un interés profesional, pero cuando el conocimiento no va a ser la única base para ser un buen profesional, tenemos que poner el foco en ser buena persona. El desarrollo emocional, social y espiritual de las personas toma un cariz diferente, la clara petición de profesionales más resilientes, que acepten la ambigüedad, que convivan con la incertidumbre diaria requiere de unos profesionales que sean buenas personas.

La gestión diaria del bienestar pasa por el desarrollo emocional de las personas, si las empresas no refuerzan las actividades y aptitudes de ser mejor personas no solo no mejorará el clima laboral sino que repercutirá en el bienestar de las personas. Sin caer en buenismo ni en una visión utópica de la psicología positiva (si se puede) tenemos que incidir en lo que Seligman nos contó de las famosas virtudes. Sus seis virtudes y sus veinticuatro fortalezas que desarrollaron en el 2004 Peterson y Seligman[24] son elementos claros de bienestar. Las empresas deben invertir en hacer que personas tengan más:

- Coraje. Que se atrevan a tener errores.
- Justicia. Que sus conductas se guie por la equidad.
- Humanidad. Que sean generosos y bondadosos en sus relaciones.
- Sabiduría. Que tenga mayor apertura mental para solo saber que no saben nada.
- Templanza. Que ejerciten la humildad y la prudencia en sus juicios.
- Transcendencia. Que tengan esperanza y gratitud en sus relaciones diarias.

En el último libro del gran filósofo Byung-Chul Han titulado, *El espíritu de la esperanza*[25], se plantea la importancia de la esperanza y no del optimismo irreal para conseguir tener confianza en un futuro: ¿cómo de importante es generar esperanza para el bienestar de los empleados? Este modelo de buena persona con esperanza transforma el ideal-tipo weberiano empresarial que denominamos el trepa, el competitivo, el medallista, etc. Y se enfoca en reforzar las virtudes humanas que crean un modelo de empleado que está inscrito en la nueva cultura de trabajo instaurada en el propósito y el bienestar. Es en este eje doble de propósito-bienestar donde se instala la nueva cultura de trabajo, trabajamos en empresas que nos posibiliten desarrollar nuestro propósito de vida y que inviertan en construir un compromiso favoreciendo el bienestar en la convivencia diaria. En resumen:

Tabla 1.3 Nueva cultura del trabajo

PROPÓSITO **¿Qué quiero ser de mayor?**	**BIENESTAR** **¿Cómo quiero vivir el día a día?**
PROPÓSITO PERSONAL No solo profesional	EQUILIBRIO DE VIDA Cumple con todos los roles vitales
CRECIMIENTO PERSONAL Cada vez soy mejor persona	CALIDAD DE VIDA LABORAL Valora menos la cantidad de trabajo
ANCLAJE DE AUTOEFICACIA Ser el dueño de tus capacidades	DESCONEXIONES ENERGÉTICAS Hacer pausas activas para trabajar mejor
MÁS ALLÁ DE LA PROFESIÓN Conseguir objetivos no profesionales	CONCILIACIÓN PERSONAL No solo dedicarse al trabajo y a la familia
VALOR *PER SE* DEL TRABAJO Atractabilidad y significación del trabajo a realizar	FOCALIZACIÓN DEL ESFUERZO Focalizar atención intensa pero no continua
ÉXITO PERSONAL Conseguir éxito como persona inteligente	SER MEJOR PERSONA Valorar el desarrollo emocional

No obstante, este eje debe contextualizarse con los valores complementarios que potencian los valores básicos. Por una parte, tenemos los retos profesionales que permiten acercar el propósito sin incidir muy negativamente en el bienestar. Retos cuya consecución y motivación generen una gran cantidad de bienestar y nos posibilitan intereses más allá del trabajo diario. Acompasar los procesos de readaptación del bienestar al propósito es una de las claves de una buena dirección de personas. A veces, se sacrifica el bienestar por el propósito, por los retos y, en otras ocasiones, se sacrifica el propósito por el bienestar. Es una homeostasis que nos permite desarrollarnos como profesionales y como personas[26].

Además, de este proceso de retos para acercar el bienestar al propósito se debe tener en cuenta su potenciación por ser más flexible. En algunas ocasiones hay que renunciar al propósito por un tiempo o plantearse una temporada de menor bienestar para conseguir dicho propósito.

El líder debe aportarles retos significativos a los empleados y debe gestionarlos con flexibilidad para conseguir que las personas se adecúen en su ecuación bienestar y propósito.

Gráfico 1.5 Dinámica de retos/flexibilidad con el propósito y el bienestar

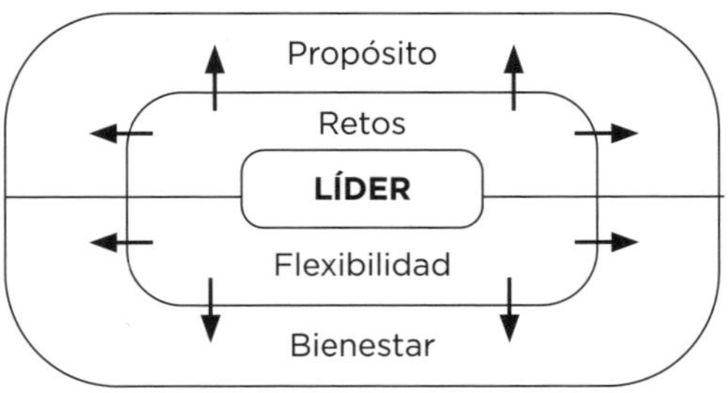

El líder debe saber diseñar, proponer, convencer y apoyar a las personas a través de los retos, y debe asumir que las personas necesitan flexibilidad para acompasar sus roles vitales al desempeño laboral. El líder necesita enormes cualidades para saber retar y ser flexible para conseguir esta nueva cultura del trabajo en la que el bienestar es la base del compromiso y el propósito es el movilizador para ser un buen profesional y una excelente persona.

La nueva cultura del trabajo presupone un mayor foco en las personas tras los miedos pandémicos y el temor de una IA devoraempleos, tenemos que valorar el propósito y el bienestar, y buscar herramientas de liderazgo más motivadoras a través de los retos y aceptar la flexibilidad. Y como decía Leonardo da Vinci: «Fija tu rumbo a una estrella y podrás navegar a través de cualquier tormenta»[27].

2. Del experto reactivo al creativo proactivo

Si la nueva cultura de trabajo se conjuga con las palabras propósito, bienestar, retos y flexibilidad tenemos que observar como la IA está cambiando el tipo de trabajo. Como tenemos que pasar de un profesional que sabe dar respuestas a problemáticas específicas de trabajo, a tener que saber preguntar a la IA para resolver dichas problemáticas. De dar respuestas a hacerse preguntas[28].

- **Visión experto-sabio: saber responder**
  Los profesionales, hasta la irrupción de la IA, se caracterizaban por acumulación de sabiduría a través de las experiencias y la formación. Lo importante no era el crear nuevas ideas sino poseer aquellos conocimientos que permitían ser considerado como un experto. El conocimiento y el saber hacer se centraba en saber dar respuesta a los problemas cotidianos del trabajo. Este concepto experto-sabio tenía las siguientes características:

  - Profesiones puras. Los conocimientos venían empaquetados en unas carreras con asignaturas comunes, para obtener una identidad profesional significativa por tener una profesión. Uno era médico, abogado, biólogo, etc., con un conocimiento preestablecido por las asignaturas impartidas. Luego, se especializaba, pero todos pasaban por el mismo tipo de conocimiento. Esta homologación profesional determinaba un porfolio de conocimiento de lo que había que saber para ser X y lo que se esperaba siendo X. La profesión era una identidad homologada.

  - Experiencia basada en tiempo de trabajo. La antigüedad es un grado se decía en el siglo XX. El valor de la experiencia ha variado y en este momento no es el tiempo de experiencia sino su calidad (de aquí la importancia de los retos) y la diversidad de tipos de experiencia. El ejercicio demasiado continuado de una serie de habilidades incide negativamente en su capacidad de adaptación y de aprendizaje. La experiencia por tiempo solo consiste en un dato y no en una razón de un mejor trabajo.

  - Carreras lineales y ascendentes. La escalabilidad promocional generaba la asunción de que el éxito estaba en acabar tu carrera estando en lo más alto de la pirámide empresarial. Hoy día, el éxito está cada vez menos condicionado por el estatus y, por tanto, no se genera tanta ansiedad por escalar en las organizaciones. Al observar los modelos clásicos de directivos cargados de enorme ansiedad, los nuevos profesionales apuestan por el bienestar y no eligen el propósito de ser un directivo con adicción al trabajo.

- Aprendizaje estacional inicial. El modelo profesional era un enorme esfuerzo de aprendizaje al inicio de la carrera, y no tanto en el ejercicio profesional posterior, suplido por el aprendizaje natural generado por las experiencias de trabajo. Hoy día, aprender no es estacional, sino continuo. Y la capacidad de aprendizaje es el elemento distintivo en cada momento de la carrera de un profesional[29].

Pero este modelo que responde a un experto-sabio no era el de Leonardo da Vinci. Leonardo no tenía una única profesión, sino que era polímata y de curiosidad encomiable, su experiencia se basaba en hacer cosas distintas y en esta diversidad estaba la clave de su innovación, tuvo momentos álgidos en su carrera y situaciones no tan gratas, y sin duda, no acabo con un reconocimiento público más allá del rey francés Francisco I de Francia. Y su obsesión era aprender en cada momento y ocasión, de hecho, su famosa frase: «Cuando aprendes nunca se agota la mente»[30].

En la famosa polémica entre los dos genios: Miguel Ángel y Leonardo da Vinci se observa dos formas diferentes de entender una profesión. Mientras Miguel Ángel tenía preferencia por la escultura y mostraba críticas a la pintura, diciendo que estas eran inferiores a la escultura en terrenos de habilidad artística (discusión del «yo más» propio de las profesiones en el siglo XX), Leonardo no entro en defender la pintura sino en poner en valor la orientación al detalle y a la calidad del trabajo más que una determinada profesión (pintor o escultor)[31].

El experto-sabio valora su conocimiento y experiencias en su pequeño terreno de juego, pensando que ser especialista es su valor, cuando en este momento la IA nos va a dar todo aquel conocimiento que se ha producido y nuestro valor estará en saber ser creativo a través de las preguntas.

- **Visión experto-creativo: saber preguntar**
En el momento actual tenemos que cambiar la visión de experto en dos ejes.
  - ○ Del conocimiento a la creatividad. El conocimiento histórico podrá estar en la IA, pero la creatividad tendrá un mayor foco en el valor profesional.
  - ○ De lo reactivo a lo proactivo. Escuchar y educarte en los conocimientos previstos y elaborados anteriormente o crear un mosaico exclusivo de habilidades desarrolladas por el profesional a través de las preguntas, que genera nuevos conocimientos no existentes anteriormente.

Pasar de ser un experto que tiene respuesta para la problemática de lo que se considera experto, a un experto que tiene la capacidad de generar nuevas realidades a través de su proactividad. Ser proactivo con la capacidad de saber preguntar.

El saber preguntar se convierte en una enorme capacidad, en su libro *Empresas con el por qué,* Simon Sinek[32] nos deja claro que la formulación de las preguntas son cada vez más claves en el aprendizaje. En preguntar hay que tener en cuenta:

- ○ La pertinencia de la pregunta. Una pregunta tiene su «tiempo» para hacerla y según sea el momento tiene una mayor capacidad de aprendizaje.
- ○ La claridad de la pregunta. Las largas preguntas autojustificativas y *autoyoicas* conllevan a respuestas no claras. Toda pregunta tiene que centrarse en las preposiciones interrogativas: por qué, para qué, qué, cómo, quién, cuándo y cuánto.
- ○ La cadencia de la pregunta. Las preguntas tienen una lógica en su planteamiento. Encadenar preguntas implica generar ideas claras al observar cómo una contestación provoca una nueva pregunta. Un bucle creativo de preguntas encadenadas genera mucho aprendizaje.
- ○ La actitud de la pregunta. Lo inquisitorio cierra la mente y provoca contestaciones más encerradas y menos proclives al aprendizaje. Preguntar no es cuestionar es plantear dudas

y posibilitar la creación en la respuesta y no solo una defensa acérrima de una opinión.

- La flexibilidad a la hora de preguntar. La conversación lleva a generar nuevas preguntas no previstas y a que se asuma que el guion varía según la respuesta que se obtiene, dando viveza e impacto en un enfoque flexible para entender una conversación.

Tenemos que saber practicar estas cinco características, porque frente a un mismo requisito de conocimientos que nos aporta la IA, la diferencia del experto estará en la formulación de preguntas pertinentes claras, con una determinada cadencia, que denote aprendizaje y que se pueda cambiar según las respuestas[33].

El experto-creativo es un especialista en hacer preguntas para crear nuevas ideas y vivirá su carrera profesional con unos criterios diferentes al experto-sabio que describimos anteriormente:

- Hibridar conocimiento no respondiendo a una determinada identidad profesional univoca, sino ser una mixtura competencial única y singular en una persona con conocimientos reales y diferentes a otras personas de su profesión.
- Experiencias diferentes en diversos contextos para generar riqueza experiencial, no por su cantidad sino por su calidad y diversidad.
- Vivir la profesión sin tener un anclaje en la escalabilidad en la empresa. Si el status limita la capacidad de aprendizaje y el bienestar no se debemos encorsetarnos en un título en nuestro LinkedIn.
- Seguir aprendiendo, aprender ya no es una fase de la vida sino una actitud transversal a lo largo de toda la vida profesional que se suma a la pregunta básica ¿cuándo fue la última vez que hiciste una cosa por primera vez?

- Leonardo da Vinci responde a este nuevo tipo de profesional. En el nuevo renacimiento provocado por la tecnología tenemos que enfocarnos más en lo creativo, en tener retos diferentes, en carreras más adecuadas a tu propósito y bienestar, y no al éxito profesional, para lo que es vital tener una enorme capacidad de aprendizaje para adaptarte a los nuevos ecosistemas empresariales.

3. Empresa renacentista. Nuevas actitudes

En el siglo XV nace en Italia el Renacimiento que se caracterizó por el mecenazgo de ciertos príncipes a la ciencia y surge un inaudito interés por la cultura y la tradición clásica. Este Renacimiento surge por la difusión de las ideas humanistas que cambiaron la percepción del ser humano y del mundo. Sin duda, la invención de la imprenta y el uso del papel fueron los cambios tecnológicos que posibilitaron la divulgación del saber humano. Esto provocó la secularización del saber (más allá de los monasterios) y, por tanto, su expansión y el querer tener cultura. pero, sobre todo, un mensaje fundamental: el ser humano está en el centro del universo.

Hoy día estamos en otro salto cualitativo de acceso a la cultura a través de la IA, y este profundo cambio tecnológico de generación democrática de contenidos (redes sociales); y de la capacidad de innovar el conocimiento de las máquinas (la IA) nos lleva a un nuevo renacimiento. Es decir, volver a poner el ser humano en el centro del universo[34].

Y en este momento de evolución histórica, el renacimiento empieza en las empresas. Igual, que en la Edad Media fue la Iglesia la que encaminó el conocimiento en los monasterios, y en el Renacimiento fue la riqueza de los señores feudales (cortes principescas) los que posibilitaron la expansión de la cultura, en este momento son las empresas las que deben dimensionar el cambio tecnológico. De aquí surge el concepto empresa renacentista, o como yo las denomino, empresas leonardinas[35].

Pero antes de caracterizar este tipo de empresas quiero destacar que hay tres actitudes sociales que van a condicionar cualquier concepto en las empresas leonardinas. Que son:

- Rebelde honesto.
- Buen antepasado.
- Experto en fracasos.

Se trata de vivir la innovación, la sostenibilidad y la vulnerabilidad del ser humano como criterios que configuran las competencias de un profesional. El profesional no puede ser solo un desarrollador de lo establecido, sino mejorar la herencia medioambiental, ni debe ocultar los errores, ya que las posibilidades de fracasar en un mundo incierto son muy grandes. Estos tres conceptos deben verse en las empresas y en los líderes leonardinos.

- Rebelde honesto. Cuando leí hace un tiempo el libro *El arte de llevar la contraria*, de Todd Kashdan[36], tuve claro que el inconformismo implica progreso. Entre «esto no tiene arreglo» y «hay que cambiar todo» están aquellos heterodoxos dentro de la ortodoxia que se niega a cambiar sin romper el modelo social. Saber llevar la contraria o trabajar la discrepancia es un valor en un mundo donde tanto cuesta el cambio, pero que tanto estamos abocados a cambiar.

  El rebelde honesto tiene una serie de características:

  - No quiere destacar, sino evolucionar.
  - No quiere ser parte del problema, sino de la solución.
  - Quiere conocer otras ideas para poder cambiar las suyas.
  - Sabe ser un insubordinado para cambiar lo normal.
  - Está abierto a cambiar de opinión y no se asusta frente a las discrepancias con los demás.
  - Tiene lo que Todd Kashdan llama «crédito de idiosincrasia», es decir, es uno de los nuestros, es parte de los nuestros y se gana al inicio un crédito que le permite que sea aceptado como inconformista posteriormente.
  - Es un hombre de frontera, donde, sin romper las reglas, las fuerza al máximo para cambiar desde dentro.
  - Tiene coraje y valentía para plantear las nuevas ideas y ver la posibilidad de su implantación y no obsesionarse con ellas.
  - Tiene valores consistentes y conductas flexibles.
  - Sabe gestionar la adversidad, un rebelde honesto enfrenta muchas más situaciones negativas que un ortodoxo puro y un heterodoxo de libro.
  - Es rápido para comprender quién cambia y quién no, y no mantiene una posición cerrada en su verdad haciendo apología de sus razones.

Como podemos ver, nuestro Leonardo da Vinci encaja totalmente en esta idea de un rebelde que no acepta lo que está establecido pero que es honesto en pensar que sus ideas no son las mejores, sino que intenta crear nuevas ideas sin cuestionar la armonía social.

- Buenos antepasados. En la historia de la humanidad nunca se había planteado la herencia climática a nuestros predecesores. Por tanto, en este momento tenemos una enorme preocupación por ser un buen antepasado que posibilite la sostenibilidad del planeta y de la sociedad. Este término lo recojo del libro *El buen antepasado* de Roamn Krznaric[37], en el que el filósofo australiano plantea la necesidad de pensar en técnicas de sostenibilidad de cualquier acción en el presente. Saber ser un buen antepasado consiste en pensar.
    - Gestionar las decisiones con una visión anclada en el futuro. Como dice en su libro autobiográfico Martin E. P. Seligman *El circuito de la esperanza*[38]: «Nos debemos sentir atraídos hacia el futuro en vez de arrastrados por el pasado».
    - Empoderar a su equipo para que sepan asumir la gestión tras su paso temporal en un determinado puesto. El líder es ante todo un desarrollador del equipo.
    - Saber aceptar las decisiones de tus predecesores sin una actitud doctoral de santificar desde la experiencia anterior, ya que se influye desde la aceptación de las nuevas condiciones y no desde el púlpito del reproche.

Leonardo da Vinci se ha identificado como un hombre adelantado a su tiempo. Multitud de descubrimientos e ideas han sido probadas mucho tiempo después, invenciones como el tanque, el paracaídas o el helicóptero. Leonardo aceptaba que ser un buen antepasado suponía dejar en herencia sus ideas, en sus palabras «No he perdido ante la dificultad de los retos, sino contra el tiempo»[39].

Este concepto de buen antepasado supone una visión superadora del cortoplacismo y centrarse en la capacidad de planificar para la posteridad. Hacer cosas que resuenen en el futuro. Y evitar decisiones que hipotequen o destruyan los recursos para las generaciones futuras. No buscamos reconocimiento inmediato y a veces debemos tomar decisiones que nos incomoden a corto plazo por el bien común. Lo verdaderamente propio del ser humano, y que nos diferencia del pensamiento de la IA, es pensar a largo plazo desde el bienestar y el propósito.

En fin, además de ser rebelde para cuestionar el *statu quo* tenemos que plantearnos tomar decisiones acordes con el futuro y no solo pensando en la tiranía del ahora.

- Expertos en fracasos. Hace mucho tiempo en la EOI (Escuela de Organización Industrial) di un curso de propósito en la vida, uno de los primeros ejercicios que hicimos era que todos los alumnos hicieran su currículo de fracasos. Todavía recuerdo alguna reacción de sorpresa porque habían olvidado sus fracasos fruto de una sociedad donde lo que puntúa es el éxito, aunque no sea donde más se aprende. El concepto experto en fracaso pretende analizar el miedo a fracasar como inhibidor de la innovación. Pero ¿cómo se puede conseguir llegar al éxito si antes no has fracasado? Lo importante del fracaso tiene dos análisis[40]:

  - El análisis que nos permite aprender y comprender la situación, diagnosticando el fracaso y elaborando una guía de conducta para supera el fracaso.
  - Pero tan importante como ese análisis es la gestión de la adversidad, es decir, cómo asumimos emocionalmente el fracaso.

  Ser un experto en fracasos es saber reflexionar para aprender y asumirlos para superarlos emocionalmente. El profesional que se desarrolla en un ecosistema de tanta incertidumbre no se puede medir solo por sus éxitos pasados, sino por el aprendizaje que ha destilado de sus indudables fracasos anteriores. Por eso, lo primero es reconocerlo, luego identificarlo, reflexionarlo de manera positiva y, al final, aprender a asumir el error. ¿Cómo puede crecer un profesional si tiene miedo a fracasar? ¿Y si el fracaso me limita y no vuelvo a intentarlo?[41]

  Saber aprender de los fracasos implica:

  - Tener una mentalidad de aprendizaje. Visualizar el fracaso no como un juicio hacia tus capacidades, sino como el resultado de una acción de la que puedo aprender. Está muy asociado a una visión del error como oportunidad de mejora y no como evaluación de tus capacidades.

- Tener alarmas tempranas para detectar los errores o fracasos. No tenemos que agotar el desarrollo de los acontecimientos si vamos condenados a un fracaso. Fracasar rápido para aprender ágilmente.
- Hacer un buen análisis del fracaso o del error. No vale solo aceptarlo y rehuir de hacer un análisis profundo. Sino que en el buen análisis se encuentra la capacidad de aprendizaje. Analizarlo con cantidad, calidad y diversidad de información para tener un escenario completo del error y, por tanto, establecer un buen aprendizaje.
- Asumir una filosofía de crecimiento. Gracias a saber errar podemos crecer mejor, pero teniendo en cuenta que fracasar tiene un impacto emocional (duele) y reconocer los errores en público genera trastornos emocionales. No hay que estigmatizar el fracaso, pero tenemos que reconocer el coste emocional de cualquier error.

Los fracasos son oportunidades si queremos aprender, actuamos con rapidez para solucionarlo, reflexionamos con datos fehacientes sobre el error y planteamos su aprendizaje como un elemento clave en nuestro crecimiento profesional.

Gráfico 1.6 Nuevos valores de los profesionales leonardinos

Las empresas leonardinas, por tanto, se revuelven contra la ortodoxia (rebelde honesto), gestionan para el futuro (buen antepasado) y aceptan el error como una variable de crecimiento (expertos en fracasos). Tres conceptos que modulan al profesional, líder o empresa que denominaremos leonardinos.

«Hay tres clases de hombres:
aquellos que ven,
aquellos que ven cuando se les muestra
y aquellos que no ven».

Leonardo da Vinci

2

POLÍMATAS, LOS PERFILES LEONARDINOS

El catedrático de historia cultural de la universidad de Cambridge; Peter Burke escribió en 2022 un gran libro llamado *El polímata*[1]; en este libro que empieza en Leonardo da Vinci plantea la necesidad de la interdisciplinaridad para comprender el mundo actual, superando los límites de cada disciplina y la excesiva especialización actual. Conectar saberes, generar aptitudes diversas y vivir experiencias significativas son los tres ejes de los nuevos perfiles leonardinos.

Si la rebeldía, saber ser antepasado y crecer en los errores, configuran nuestra época, tenemos que pensar que no podemos abordar el cambio tecnológico y el de la cultura del trabajo sin un cambio en la percepción de un profesional.

Hace años el conocimiento especializado, la experturía con una experiencia concreta y las vivencias limitadas a un determinado ecosistema eran lo habitual en un profesional, pero, ahora, necesitamos más que nunca ser polímata.

Los polímatas suelen entenderse solo en el ámbito de conocimientos, pero esta es una visión reduccionista que tienen que ampliarse por lo menos en tres vectores.

- Vector del conocimiento. Variedad e hibridación de conocimientos.
- Vector aptitudinal. Florecimiento en variedad de aptitudes.
- Vector actitudinal. Riqueza y diversidad de vivencias.

Es decir, un polímata tiene conocimientos diversos e híbridos, habilidades variadas fruto de diferentes los retos que ha vivido y tiene un enorme porfolio de vivencias en entornos difíciles que enriquecen su percepción vital.

1. Hibridación de conocimientos

Hibridar consiste en ampliar tu singularidad a través de conocimientos concéntricos a tu propósito profesional exclusivo en una determinada persona. En esta afirmación hay tres elementos:

- Tener singularidad en tu conocimiento. Es decir, poseer un perfil de conocimiento que te haga único.
- Desarrollo de conocimientos que potencie tu saber primordial a través de agrandar tus fronteras de conocimiento constituyendo tu saber como algo específico y singular. Es importante el aprendizaje de contenidos anexionados por similitud para evitar amalgamas de conocimientos inconexos, de aquí el concepto de saberes concéntricos entorno a un mundo de conocimientos que responda a tu saber básico.
- Focalizar este conocimiento concéntrico en torno al propósito profesional conlleva dotar de significación tus estudios. Persigue unos objetivos de desarrollo de saberes cuya mezcla sea única[2].

La singularidad de conocimientos es un antídoto en tu perfil de conocimiento por su diferenciación frente a otros profesionales. La IA depositará todo el conocimiento existente en las máquinas y, por tanto, la originalidad de la mezcla de los conocimientos en tu perfil es lo que te hará único. No serás único por el dominio de conocimientos existentes, sino por la diferenciación que suponga tu mezcla de conocimientos diferentes unidos para un propósito único. Cuando el objetivo de Leonardo da Vinci era saber cómo funcionaba la naturaleza, tenía un propósito que le hizo evolucionar su singularidad como polímata en torno a los ejemplos que la naturaleza le aportaba.

Para optar a la mejor singularidad suelo asesorar a las personas que hagan su *ikigai* de perfil profesional, y muchas personas en procesos de *coaching* han descubierto dónde está su valor añadido como profesional. El *ikigai* de perfil se expresa gráficamente[3]:

Gráfico 2.1 *Ikigai* del perfil pofesional

Con este *ikigai* personal e intransferible se diseña tu singularidad de conocimiento para conseguir tener una especificación única en tu saber. ¿Cómo generamos la singularidad?

Pero es necesario elegir el conocimiento que apoye esta singularidad en contenidos interrelacionados. Es importante esta interrelación para evitar un conocimiento amalgámico. Siempre recordaré en mi primera experiencia profesional a aquel compañero que, por la seguridad del empleo público, emprendía cada cinco años una nueva carrera. Cuando lo conocí ya llevaba cinco carreras y barruntaba la elección de su sexta. Estas elecciones enciclopedistas no tienen sentido en un perfil híbrido, lo importante no es la acumulación de saberes sino su mixtura. Cambiar el saber original por la interacción con conocimientos que se mezclan es la fórmula mágica. Esta mixtura implica la decisión de ampliar tu perfil hasta hacerte diferencial. De aquí, el símil de ampliar tus fronteras y no quedarse en los límites enmarcado por el currículo académico, sino crear tu propio territorio de conocimiento.

Y, por tanto, es básico trabajar en tu propósito profesional para orientar este perfil singular de conocimiento. Siempre hay que buscar una visualización profesional futura, creando una vía que posibilite tus esfuerzos en pos de un discurso profesional creíble y aspiracional. Nadie navega desde el dominio exclusivo de su conocimiento si no tiene clara la línea de ruta con su propósito como profesional. Los propósitos no son claros y precisos, son meras direcciones aproximativas y, es más, deben ser moldeables según se van engrandeciendo tus saberes. La adaptación de conocimiento moldea tu propósito. Es más, en un principio nos basamos más en lo que no se quiere ser y menos en lo que se quiere ser. Leonardo da Vinci nos habla del poder de los contraejemplos, es decir, en lo que no tiene que ser, que, en muchas ocasiones, es más potente que los propios ejemplos de lo que tienes que ser[4].

2. Florecimiento aptitudinal

Hay términos que definen una realidad metafórica, eso sucede con el de psicología positiva de *flourishing* (floreciente) pues, cuando lo utilizas, tus interlocutores comprenden su evocación aspiracional de desarrollar nuestras vidas. Aunque en el 2011 Martin Seligman desarrolló este concepto, fue obra de los psicólogos Corey Keyes y Barbara Fredickson, quienes, en 2002, desarrollaron la idea de florecer personalmente cuando nos sentimos satisfechos con lo que somos y lo que vamos logrando[5].

Tener un perfil de conocimiento hibrido y único no nos asegura ser un polímata. Vemos en Leonardo da Vinci la multitud de retos profesionales y charcos vitales con los que retroalimentaba su inquietud intelectual. Ser polímata implica, ante todo, tener multitud de ocasiones que propicien destacar el valor de tu conocimiento, y además desarrollarse en un determinado vector. Somos fruto de lo que vivimos porque generamos conocimiento diferencial.

¿Muchos perfiles no se hacen potentes porque no viven experiencias significativas? No fue significativo para Leonardo da Vinci aceptar el encargo de Ludovico Sfenza que le brindó experiencias con las que desarrolló su perfil de conocimiento. Florecer como profesional necesita no solo de conocimientos sino de experiencias significativas[6].

En mi experiencia en el desarrollo directivo he observado cómo la formación es un elemento necesario, pero no suficiente para explicar la excelencia profesional. Para conseguir esta excelencia profesional, estas experiencias deben entrar en el relato de tu historia profesional, es decir, hay que darle significación para que integre su aprendizaje. Utilizar el concepto experiencias significativas facilita el desarrollo del conocimiento y, por ende, del perfil profesional. Decía Aldous Huxley que «la experiencia no es lo que te sucede, sino lo que haces con lo que te sucede»[7], hacer que una experiencia deje huella de aprendizaje pasa por reflexionar sobre su significación y hacerse estas seis preguntas básicas cuando se vive una experiencia:

Tabla 2.1. Seis preguntas para interrogarte frente a la experiencia. ¿Cómo hacer que una experiencia sea significativa?

¿Por qué?	Su valor *per se*
¿Para qué?	Enganche con el propósito
¿Qué?	Aprendizaje recibido
¿Cómo?	Decisiones tomadas en la experiencia
¿Quién?	Desarrollo personal que implica pensar en ti
¿Cuándo y cuánto?	Contexto de la experiencia

Es necesario tener una visión 360° y no centrarse solo en el porqué. Estamos siempre inmersos en la búsqueda de los porqués cuando el aprendizaje de una experiencia se logra más en sus qué[5] y en sus cómo. Este valor dado a la experiencia se encuentra en el centro del florecimiento de las aptitudes. Si una aptitud es un saber hacer, saber hacer florecer las aptitudes se centra más en las reflexiones que obtenemos tras vivir dicha experiencia. Y así lo manifestó Laurence J. Peter en su sentencia: «Solo una cosa es más dolorosa que aprender de la experiencia y es no aprender de la experiencia». Lo importante no es tener experiencias sino aprender de la experiencia[8].

Florecer como metáfora vital para entender que la experiencia es una ocasión para ejercitar tus conocimientos, y que puede ser un buen abono para un buen conocimiento, pero necesita de la acción, el sol para conseguir una cálida y bella flor. Para aquellos que procedemos de un entorno rural sabemos que no hay nada más maravilloso que sembrar, pero sin agua, abono y sol no podemos obtener futuro.

El florecimiento aptitudinal con la hibridación de conocimientos nos dota de un perfil profesional muy potente, podemos crear conocimientos híbridos con experiencias significativas. Y no olvidemos lo que nos dice el refrán mexicano: querían enterrarnos, pero no sabían que éramos semillas[9]. La unión del conocimiento y las aptitudes necesita una actitud adecuada para conseguir un verdadero perfil, pero la actitud sola sin saber ni saber hacer tampoco no tiene valor por sí misma. Son los tres elementos complementarios y únicos en una persona: saber, saber hacer y querer hacer.

3. Actitud de vivencia positiva

La hibridación de conocimientos y el florecimiento competencial por la experiencia necesita de una actitud adecuada. La actitud positiva o negativa es una dicotomía y el desarrollo personal necesita de muchas matizaciones grisáceas. Siempre estar positivo y nunca estar negativo es una entelequia filosófica. La tristeza y la alegría son necesarias para configurar nuestro acervo emocional. Desde hace tiempo se investigó en la psicología positiva y se llegó a tres consideraciones claras que se pueden resumir así:

- Lo positivo y lo negativo tiene una enorme carga contextual. Y si no ponemos foco en la situación, podemos caer en una visión distorsionada de la realidad. Dentro de la psicología positiva no se puede caer en el panteísmo del «sí se puede», porque al final necesitamos conocimiento y experiencia. Sin un equilibrio entre los tres vectores (conocimiento, aptitudes y actitudes) no podemos tener una visión ajustada. El buenismo y el triunfalismo del optimismo o el pesimismo antropológico son síntoma de un querer sin tener poder. En el último libro que escribió Daniel Kahneman con otros colegas y que tituló *Ruido* deja claro que todas las decisiones están conducidas por un ruido que influye bastante a la hora de tomar decisiones[10]. O como dice Leonardo da Vinci: «Nadie nos engaña tanto como nuestro propio juicio».

- El optimismo debe ser realista, no podemos pensar siempre en lo positivo ni negar la fatalidad en una realidad. Hay que ser un optimista inteligente que se basa en aprovechar cada ocasión para pensar con apertura e ilusión en obtener lo mejor en un futuro. El presente puede ser negro, pero nunca lo será el futuro, por lo menos desde el presente que lo estoy viendo. Otra cosa es que al llegar al futuro sea negro, pero siempre podrá pensarse que de nuevo el futuro será optimista.

  Esta actitud llamada optimalista consiste en tener ilusión y confianza en que el futuro será mejor que el presente, eso sí con una gran dosis de realismo, pues puede que no sea así[11]. El optimalismo es una orientación vital de pensar en positivo que conlleva una actitud positiva, sin negar lo mucho lo negativo que hay en la vida y que seguramente nos acontecerá en algún momento.

- La actitud de vivir la experiencia y el conocimiento con positividad genera un ecosistema de enormes posibilidades. El optimismo inteligente se basa en las virtudes que D. Seligman[12] y sus 24 fortalezas, en un análisis diacrónico, estableció que el optimalismo se basaba en las siguientes apreciaciones del tiempo pasado, presente y futuro.

Gráfico 2.2 Actitudes optimalistas hacia el pasado, presente y futuro

OPTIMISMO Y FORTALEZAS DE CARÁCTER

OPTIMALISMO

Optimismo realista u optimismo inteligente

Debemos mostrar orgullosos de pasado, hasta de los errores cometidos, estar agradecidos por lo realizado que nos ha hecho como somos y llevar al olvido las malas decisiones una vez extraído el aprendizaje pertinente.

El presente debemos vivirlo con intensidad y poner toda nuestra energía en el aquí y ahora; saber fluir con los acontecimientos, la incertidumbre y las contrariedades del día a día y tener la seriedad del juicio para interpretar la realidad sin caer en sobreactuaciones inmaduras o conductas derivadas de creencias limitantes.

Con el futuro debemos mantener la esperanza de que será bueno de entrada y si luego no lo es, que nadie nos quite la ilusión de esperar que hubiese sido bueno, tener confianza en los conocimientos y saber hacer y tener la serenidad de no querer llegar antes de tiempo a dicho futuro.

Estas conclusiones de la influencia del contexto en la actitud dan una visión realista al ser optimista y dan una mirada amplia sobre el pasado, presente y futuro y nos lleva al concepto de actitud de vivencia positiva. Este concepto pretende sintetizar que la retroalimentación de una visión positiva realista hace que el conocimiento híbrido y la diversidad de experiencias desarrolladas en la vida tengan un enorme pragmatismo en las apreciaciones vitales. Leonardo da Vinci era ante todo un optimista desde su antropocentrismo, él consideraba el hombre como la medida del cosmos e influido por la obra de Pico della Mirandola, Leonardo da Vinci desarrolló un enorme vitalismo y optimismo que le hizo ser un artista omnívoro con la osadía de atreverse a multitud de desafíos científicos[13].

Leonardo da Vinci expresa con su ejemplo estos nuevos perfiles:

- **Hibridación de conocimientos.** Si lo tuviéramos que definir por los estudios tendríamos que elegir al menos diez carreras actuales para definir sus conocimientos: pintor, escritor, escultor, ingeniero, filósofo, arquitecto, urbanista, inventor, músico, paleontólogo, etc. Eso sí, todo en torno al ser humano y a comprender la naturaleza a través de los ojos de un humano.
- **Florecimiento de experiencias.** A lo largo de su vida asumió multitud de retos diferentes que suponían grandes dosis de creatividad para generar diferentes diseños y obras. Sus cuadernos

con dibujos y los códices que podéis analizar, sin duda ensalzan su figura y cómo asumió los retos que la vida le presentó. Con su escritura especular (escribir en la dirección opuesta a la mayoría, que solo se puede leer a través de un espejo) podemos observar el valor que da a la experiencia. Tanto en los *Códices Atlántico* (Biblioteca Ambrosiana de Milán) como en los *Códices Madrid* I-II (Biblioteca Nacional de Madrid) se puede observar a la variedad de experiencias que hicieron crecer su conocimiento híbrido. Como él mismo decía: «El que ama la práctica sin teoría es como el marinero que sube a bordo sin timón ni brújula y nunca sabe dónde acabará»[14].

- **Actitud de vivencia positiva.** Leonardo decía: «La mente es como un paracaídas, solo funciona cuando se abre». Con esta frase describe el interés de una mente abierta y positiva para ejercitar los conocimientos en experiencias diversas. Creyendo que la autoeficacia viene de las nuevas capacidades desarrolladas a través de novedosas... experiencias. Pero para aventurarte en estos retos debes vivir con una actitud positiva hacia el futuro, ya que el mismo maestro italiano nos dijo: «La emoción es la energía de la creatividad».

Con este perfil polímata, no solo por sus conocimientos, sino también por la variedad de experiencias y por su actitud positiva, nos encontramos con nuevo tipo de empleado que debe afrontar la incertidumbre del momento tecnológico y con una nueva cultura de trabajo que hemos ya definido. En fin, necesitamos un nuevo tipo de empresas y líderes que comprendan estos nuevos perfiles y cultura de trabajo. Sin más, debemos tener Leonardos empresariales y empresas leonardinas.

4. Leonardos empresariales y empresas leonardinas

¿Para qué queremos empleados y polímatas, si no tenemos líderes y empresas que lo entiendan? Debemos tener CEO que sean leonardinos y crear culturas y estrategias centradas en tener personas más creativas en un mundo incierto y rodeado de competitividad tecnológica.

¿Qué significa tener un líder leonardino? Si estás viviendo un cambio claro de los modelos de liderazgo pasando de los modelos de carisma a los modelos de autenticidad también debemos cambiar del modelo basado en el conocimiento a uno basado en creatividad[15].

Gráfico 2.3 Topología de los tipos de liderazgo

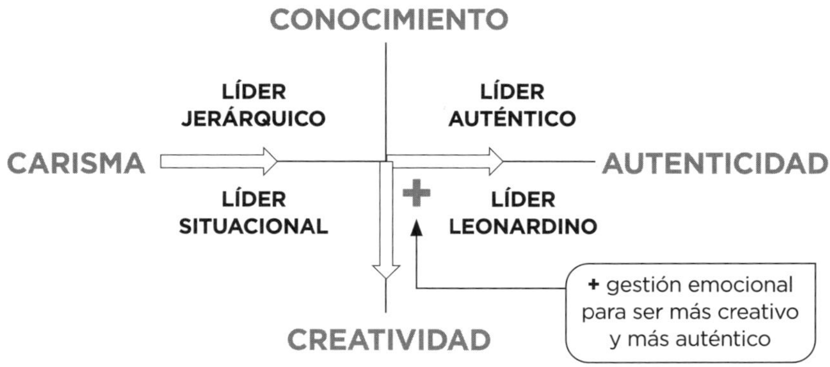

El genio leonardino es un auténtico creativo. Por tanto, es un líder que gestiona la emoción de comprender y de crear nuevas realidades desde su creatividad, y es un líder que, con su autenticidad, acepta errores y construye desde la emoción una imagen de la imperfección humana. Leonardino es, esencialmente, ser creativo y el ser auténtico.

La evolución del líder basado en el carisma, que genera verdaderos líderes omnipotentes y jerárquicos, ha evolucionado hacia visiones más situacionales en función del contexto y la madurez de los colaboradores, aunque se siga poniendo el foco en las cualidades del líder. Desde los años 2000 se han relativizado estas cualidades, y por eso se habla de la crisis del liderazgo, pues el concepto clásico del líder con carisma no se valora tanto por las nuevas generaciones. Y aquí surge el concepto de liderazgo auténtico que se basa en estos cuatro conceptos que deben tenerse en una proporción adecuada. Estos conceptos configuran lo que es un líder auténtico implica[16]:

- **Conocimiento de sí mismo (*self awareness*).** El líder conoce su impacto, sus fortalezas y debilidades. Para tener conciencia de sí mismo es necesario un *feedback* continuo de sus acciones, como reconocer sus puntos débiles y fuertes. Un líder auténtico reconoce y expresa sus emociones como cualquier humano y reconoce sus debilidades para ser líder como un foco de aprendizaje continuo.

- **Trasparencia en las relaciones (*relational transparency*).** El líder se muestra tal y como es. Comparte sus emociones y pensamientos. Pero ser transparente no implica ser sincericida, sino tener conciencia de que lo que dices lo piensas honradamente, este proceso de transparencia genera una identificación emocional con el colaborador.
- **Procesamiento equilibrado de la información (*balanced processing*).** El líder analiza la información relevante y antes de tomar una decisión solicita otros puntos de vista. Busca una cualificación informativa para tomar decisiones con criterios objetivos y compartidos y evitando los sesgos de cada persona. La información debe tener cantidad, calidad y diversidad de interlocutor para tomar mejores decisiones de liderazgo.
- **Moral internalizada (*internalized moral perspectives*).** El líder autorregula su conducta en función de sus valores y su conducta es consecuente con sus valores. Este equilibrio de valores y conducta genera una autenticidad natural y provoca la visión de un líder consecuente.

Esta evolución de autoconocimiento, transparencia, templanza y ética han fijado la autenticidad como el adjetivo más definitorio de un líder en el actual inicio del siglo XXI. Pero la irrupción de la tecnología disruptiva de la IA nos lleva a evaluar un líder solo basado en el conocimiento y en la experiencia, a un líder basado cada vez más en lo creativo. Lo importante no es saber de negocios, sino atemperar sus conocimientos y experiencias para crear nuevas realidades. Esta evolución a un hacedor de nuevas realidades con creatividad cambia el concepto clásico de habilidades directivas con cuatro cambios muy importantes[17]:

- **Líder con equilibrio personal.** Hasta ahora hemos visto muchos directivos 24/7 que están obsesionados con los resultados, controlando y supervisando constantemente, ahora tenemos el líder que equilibra su tiempo y que utiliza técnicas contemplativas para ser más creativo. Con más tiempo para crear y menos para gestionar. ¿Habéis pensado qué pasará con el control financiero cuando se desarrolle la IA? En cambio, el líder siempre necesita un equilibrio personal para crear una nueva realidad empresarial.

- **Líder orientado a abrazar el cambio.** No solo hay que estar orientado al cambio, sino que hay que abrazarlo, lo que significa querer cambiar y que preguntarse ¿cuándo fue la última vez que hice algo por primera vez? Esta ilusión por generar cambios es de enorme valor leonardino, que decía: «El hierro se oxida debido al desuso, el agua estancada pierde su pureza, en el día frío se congela, y la inacción mina los ánimos de la mente». El cambio es el generador de tu valía como líder.
- **Líder con una visión positiva de la vida.** Tener una visión positiva es lo que mejor se adecúa a la incertidumbre actual, por eso, necesitamos un líder positivo. El líder debe diseñar sus retos desde la positividad sin caer en visiones excesivas de optimismo, pero debe influir desde el poder que da la sonrisa a la vida.
- **Líder con gestión emocional para adaptarse a la situación.** En la adversidad debe mostrar resiliencia para gestionar adecuadamente los sinsabores del liderazgo. El líder debe primar su adaptación a sus preferencias personales posibilitando que su conducta refleje su emoción pero que no obstaculice la acción[18].

La evolución a un líder más creativo implica equilibrio, querencia al cambio, ser positivo y tener capacidad de resiliencia.

En fin, los líderes leonardinos se resumen:

Gráfico 2.4 Cuatro conceptos de un líder leonardino

Este líder leonardino debe impregnar una cultura y desarrollar una estrategia que posibilite el ejercicio de este liderazgo con los nuevos perfiles y cultura de trabajo que tenemos en los empleados actuales. Valores de una empresa leonardina que se debe basarse en[19]:

- Aceptar el error, pero no, no aprende de él.
- Favorecer la flexibilidad frente al cambio.
- Ser realista con una sonrisa de aceptación.
- Aceptar la imperfección humana.
- Manifestar pasión por el crecimiento de los colaboradores.
- Celebrar los pequeños éxitos diarios.
- Valorar el viaje de trabajar y no solo la consecución.
- Aprender hasta de no hacer nada.
- Centrarse en la solución y no en el problema.
- Buscar opciones posibles y plausibles.

Estas líneas de valores generan una empresa donde se establezca el proceso creativo del propio Leonardo da Vinci en el centro de la gestión cuyo modelo podemos exponer en este proceso:

Gráfico 2.5 Proceso leonardino empresarial

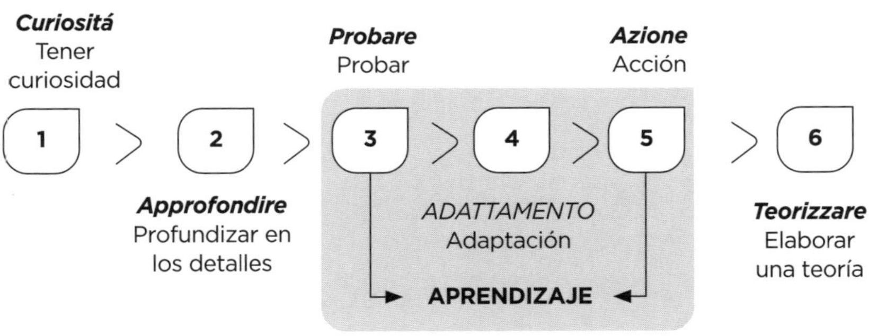

Desde la curiosidad hasta la acción debe ser un proceso continuo en una empresa leonardina. Y como dice Leonardo da Vinci: «Aunque la naturaleza comienza con la razón y termina en la experiencia», es necesario que se hagan lo contrario, es decir, comenzar con la experiencia y, a partir de ahí, investigar la razón, ser curioso, experimentar y teorizar.

Las empresas y los líderes leonardinos se centran en desarrollar la creatividad desde la autenticidad, practicando experiencias para aprender y generando teorías posteriormente. No parte de principios inmutables, sino de valores que se experimentan en la realidad. Esta aproximación de naturaleza científica nos posibilita empresas[20]:

- Orientadas a lo nuevo.
- Orientadas a los detalles.
- Orientadas a la experimentación.
- Centradas en la adaptación.
- Centradas en la acción.
- Centradas en la teorización posterior.

Lo creativo no está reñido con lo científico, como dice Leonardo da Vinci tras una buena hipótesis hay un enorme esfuerzo creativo.

3

LOS SIETE ELEMENTOS DE LO LEONARDINO Y LAS COMPETENCIAS LEONARDINAS

En el *Tratado de pintura* de Leonardo da Vinci[1] expresa diferentes valores para convertirse en un hombre del Renacimiento. En el año 1998, el autor Michael J. Gelb expuso los elementos que traducía estos valores en conductas empresariales. Este libro me acompañó a la creación de la empresa BLC cuando en 1999 establecimos nuestros valores recogiendo estos elementos que había entresacado Michael Gelb de la lectura de los códices y libros de Leonardo da Vinci.

Durante 20 años planteamos la creación de una empresa leonardina que desarrollase su actividad en consultoría de recursos humanos y que nos permitiera competir y crecer, hasta nuestra integración en 2019 en el Grupo Auren. Estos siete valores los expusimos como criterios de conducta de los empleados, guía de nuestra cultura y, ante todo, una forma de competir que nos permitió introducir una nueva forma de entender la consultoría desde lo creativo y lo emocional[3].

En el año 2023/2024, en el asesoramiento a empresas preocupadas por la irrupción de la IA he podido observar su vigencia y empoderamiento para la nueva cultura de trabajo y perfiles profesionales actuales. Y por eso apoyo el estudio y profundización en los valores leonardinos como base del desarrollo profesional, el liderazgo y la cultura empresarial.

Estos siete elementos leonardinos tienen la siguiente estructura

Gráfico 3.1 Modelo de elementos leonardinos

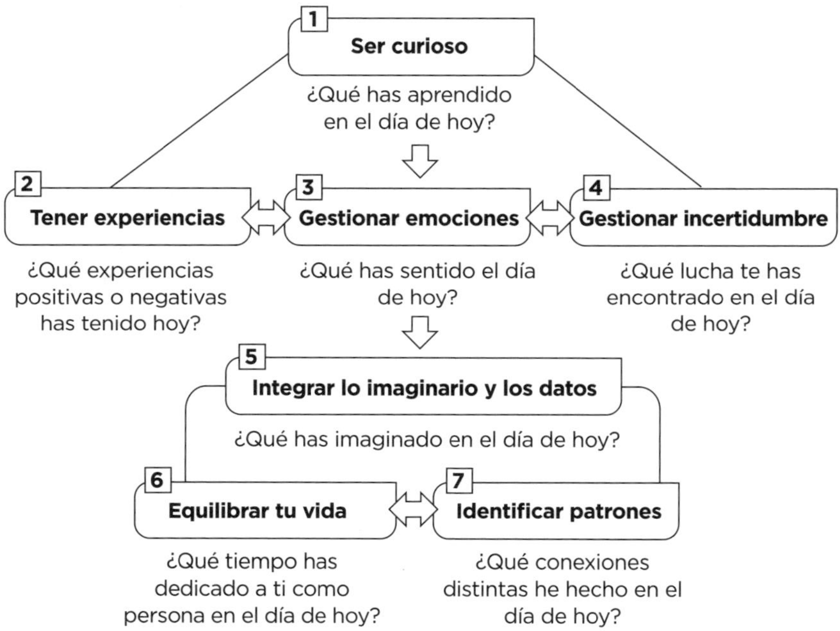

Estos elementos leonardinos son valores centrados en el aprendizaje continuo teniendo experiencias, pero gestionando emociones e incertidumbres que nos generan hábitos de trabajo que nos permiten cambiar y crear ideas nuevas interrelacionadas entre sí. Creando el hábito de la creatividad en los perfiles profesionales. Por tanto, son estas siete competencias leonardinas el nuevo ADN empresarial.

1. *Curiositá*: búsqueda del saber

Para Leonardo da Vinci era la base de cualquier artista. Ser curioso implica querer aprender siempre y hacer consciente el aprendizaje diario que llevamos a cabo en nuestra vida. Este ímpetu de aprender lo que no se sabe es la diferenciación básica del ser humano. En el libro de Philip Ball *Curiosidad. Por qué todo nos interesa*[4] relata una historia sobre la curiosidad donde queda claro que es el principal *leitmotiv* de la ciencia y el saber. La curiosidad, que es un comportamiento instintivo en muchas especies animales, nos permite orientar al aprendizaje hacia lo novedoso. Hay cuatro momentos de curiosidad.

Gráfico 3.2 Cuatro momentos de la curiosidad

1.º momento	2.º momento	3.º momento	4.º momento
Observación ⇨	**Exploración** ⇨	**Investigación** ⇨	**Aprendizaje**
Atención focalizada en la realidad	Manipular la realidad para conocerlo mejor	Probar (acierto y error) varias ideas de funcionamiento	Elegir e interiorizar la solución más interesante

Multitud de especies, casi todas, tienen la capacidad de la observación, pero según subimos en la escala evolutiva llegamos a un mayor nivel de exploración e investigación, y al final de la escala evolutiva llega al momento álgido del aprendizaje. Es el aprendizaje el rasgo más humano para Leonardo da Vinci: «El aprendizaje es lo único que la mente nunca agota, nunca teme y nunca se arrepiente»[5], esta es una descripción perfecta del concepto de curiosidad en todos sus aspectos. Y que se caracteriza por tres rasgos básicos:

- **Su insaciabilidad.** Ser curioso es la actitud de preguntarse continuamente los por qué y los para qué de lo que ocurre en el mundo. Y esta actitud nos lleva a cuestionar incluso temáticas dadas como inmutables para otras personas. Ser insaciable porque es inagotable el saber es una característica de la curiosidad leonardina.
- **Su generosidad.** Más allá de la curiosidad está la exploración que desmiente el dicho la curiosidad mató al gato, Leonardo da Vinci reivindica que no hay que temer a las consecuencias de un aprendizaje incesante. Vale la pena hasta el mero intento de aprender y el camino del aprendizaje nos hace más fuerte *per se*. Suele asociarse

el concepto actual de propósito (qué quiero ser) al concepto de aprendizaje con generosidad, es decir, aprender no para una utilidad a corto plazo, sino para conseguir ventajas y conexiones a largo plazo. La curiosidad merece la pena porque por el aprendizaje que se genera, aunque no se consiga obtener unos mejores resultados, se justifica con los esfuerzos realizados.

- **Su rentabilidad.** El aprendizaje originado por la curiosidad sin estar motivado por una necesidad perentoria no tiene una medición tan inmediata como aquel que responde a una situación determinada, pero es también muy rentable. Leonardo da Vinci dice que la rentabilidad se obtiene por el mero hecho de entrenarse en el aprender. Nadie tendría capacidad de aprender si no reta a dicha capacidad con objetivos, inmediatos y mediatos de aprendizaje.

Este es el concepto de curiosidad como una búsqueda continua de saber, no solo como observar, explicar e investigar, sino como aprender es muy potente. Y con una ambición universal que vimos durante el Renacimiento y que representa la figura de Leonardo da Vinci cuando dice «el conocimiento de todas las cosas es posible»[6]. Esta ambición lleva a utilizar el aprendizaje como la gran palanca humana del pensamiento del hombre en el mundo. En el Renacimiento se propuso ubicar en el hombre la capacidad transformadora del mundo frente a una época medieval donde esa capacidad se encontraba en lo divino. De igual manera, en la actualidad, rodeados de miedos tecnológicos por la IA necesitamos de una apuesta fuerte por el ser humano frente las máquinas. ¿Una máquina podría ser curiosa? Estoy seguro de que la IA tendrá una enorme capacidad de aprender y relacionar, pero la ambición de aprender fruto de la curiosidad tiene una enorme raíz humana. Cuanto más curiosos seamos más nos diferenciaremos de una visión acumulativa y relacional del conocimiento, que tras la chispa de la curiosidad necesitamos el conocimiento de la IA, pero debemos focalizarnos en ser más curiosos para humanizar más el conocimiento. El conocimiento no solo como saber sino con la curiosidad de querer saber. En su libro sobre Leonardo da Vinci Walter Isaacson[7] acaba con una frase demoledora sobre la curiosidad para Leonardo: «No existe motivo alguno por el que usted deba saber nada de esto. Sin embargo, he pensado que tal vez tendría usted derecho a saberlo: por mera curiosidad». Esta dimensión humana de la mera curiosidad es un elemento leonardino básico.

Pregunta poderosa: ¿Qué has aprendido en el día de hoy?

2. *Dimostrazione*: aprender de la experiencia

Ser curioso nos lleva a la investigación antes del aprendizaje. El afán por aprender se refleja en la capacidad de tener experiencias. La mítica frase de Leonardo da Vinci: «La sabiduría es la hija de la experiencia» es demoledora. Aquí surge un segundo valor enormemente diferencial con el conocimiento relacional de la IA es la capacidad de vivir experiencias y pasar de ser una experiencia a ser un aprendizaje. Esta traslación es un proceso humano, pero saber vivir la experiencia cambiará el foco del aprendizaje. No se trata de acumular conocimientos para instalarlos en una memoria que será sustituida por la IA, sino en aprender a explotar las experiencias como un proceso de transformación de tu ser.

El concepto experiencia está en un cambio mutativo por su uso como explicación de una vivencia. Hablamos de la experiencia cliente o empleado y encerramos el concepto de experiencia a ser una vivencia. La moda de tener experiencias y el querer vivir las experiencias tiene el inconveniente de encerrarse en vivir solo las experiencias y no transcender en convertirlas en aprendizaje. Las experiencias son un medio de aprendizaje que no se agota solo en vivirla, sino que se interioriza a través de su aprendizaje. La experiencia es condición necesaria pero no suficiente para que se produzca el aprendizaje.

Leonardo da Vinci da un enorme valor a la experiencia, pero es claro cuando afirma que lo importante de una experiencia está en cómo sabemos extraer su valor de aprendizaje, cuando dice que «la experiencia no se equivoca, solo tus juicios se equivocan al esperar de ella lo que no está en su poder». La experiencia es lo que es y lo que nos diferencia es cuándo introducimos en nuestro acervo intelectual sus aprendizajes. Y en este momento, no se trata solo de saber, sino de crear nuevas ideas, la sabiduría de conocimientos acumulativos de tradición enciclopédica no es el modelo de sabiduría creativa que Leonardo da Vinci reivindica. Saber para crear otros saberes diferentes y no solo para ser un experto del saber ya conocido[8].

En los años noventa del siglo pasado, con mi equipo de BLC desarrollamos una metodología novedosa llamada ERPA para analizar cómo aprender de una experiencia y cómo se experimenta un cambio de conducta. Fue a partir de un curso que realicé con The industrial training service a finales de los años ochenta[9]. Esta metodología nos servía para explicar cómo debemos gestionar nuestras experiencias. ERPA es un acrónimo de emocional, racional, procesal y automatización y que nos servía para entender cómo se aprende de la experiencia y cuya explicación es la siguiente:

- **Emocional.** Toda experiencia debe vivirse emocionalmente, si no introducirnos el factor de la emoción que se desprende de la experiencia no tendrá huella para aprender. Lo emocional es lo que nos permite generar interés para aprender de la experiencia. No tenemos que pasar por la experiencia tachándola cuando la vivimos como si fuera una lista de objetivos conseguidos, sino enclavando su emoción dentro de nuestra conciencia. Vivir emocionalmente la experiencia es el primer paso para aprovechar su aprendizaje. Es el territorio del qué.
- **Racional.** Toda emoción necesita estructurarse en ideas abstractas, y tenemos que generar conceptos, relaciones, discursos que nos permita entender lo que hemos vivido. Lo racional es ineludible, por tanto, plantear solo lo emocional no nos lleva al aprendizaje. Con racionalizar se pretende comprender y analizar las causas, efectos y consecuencias de dicha experiencia. Comprender racionalmente la experiencia es imprescindible para generar el aprendizaje. Es el territorio del por qué y el para qué.
- **Procesal.** Tras la comprensión y la emoción debemos desmenuzar los elementos de la experiencia en busca sus interrelaciones e interacciones, lo importante es comprender su funcionamiento y su lógica para poder incorporarlo como aprendizaje. Analizar el funcionamiento tras su comprensión y huella emocional es el siguiente paso para aprender. Es el territorio del cómo.

- **Automatización.** Crear el aprendizaje consiste en interiorizar en forma de conocimiento lo que has analizado, comprendido y emocionado de la experiencia. Todo aprendizaje requiere de elementos memorísticos, pero también de procesamiento lógico de la información, por eso, es importante que la interiorización de lo vivido pase por las fases anteriores. Incorporar a tu porfolio de habilidades y a tu elenco de conocimientos lo vivido por la experiencia es el final de todo aprendizaje. Incorporar lo que hemos experimentado como aprendido es el final del valor de una experiencia. Es el territorio del cuándo, cuánto. Tenemos que utilizar lo que hemos aprendido.

Desde lo emocional al hábito, pasando por la comprensión y el análisis, es el proceso natural de aprendizaje de una experiencia[10].

Gráfico 3.3 ¿Cómo se aprende de una experiencia?

ERPA

1 **E**mocional	2 **R**acional	3 **P**rocesal	4 **A**utomatización
Vivir el ¿qué?	Comprende el ¿por qué? y el ¿para qué?	Analizar el ¿cómo?	Incorporar el ¿cuándo? y ¿cuánto?

Leonardo da Vinci dota de tanta importancia a la experiencia (*dimostrazione*) que incluso transmite un consejo de enorme valor movilizador, decía: «Hace tiempo que me llamó la atención que las personas con logros rara vez se acomodan y esperan que las cosas le sucedan. Salían y les sucedían las cosas». Esta proactividad experiencial es muy importante en este momento, porque lo humano no es tener conocimiento, sino ponerlo en práctica y vivir experiencias.

> *Pregunta poderosa*: ¿Qué experiencias positivas y negativas has tenido hoy?

3. *Sensazione*: agudizar los sentidos

Todas las sensaciones enriquecen el aprendizaje. Si las experiencias bien vividas son la fuente de los conocimientos y aptitudes de las personas, ¿cómo podemos hacer más intensas estas experiencias?, pues sobre todo incluyendo a todos los sentidos. El término agudizar, es decir, poner en funcionamiento al máximo los sentidos es una gran visión diferenciada con las máquinas.

Desde pequeños hemos hablado de los cinco sentidos (táctil, visión, audición, olfato y gusto) y el reto de la IA está en su reproducción, pero hoy día se habla de otros dos sentidos (propioceptivo y el vestibular) que considero sinceramente muy interesantes para la singularidad humana. Hay autores que hablan de más, pero se pueden condensar en estos, poniendo hincapié en estos dos nuevos sentidos[11].

La propiocepción es el sentido que nos permite percibir la ubicación, movimiento, temperatura y acción del propio cuerpo y que abarca el concurso de los cinco sentidos básicos. Este sentido nos permite tener una percepción de las articulaciones y su movimiento, del esfuerzo. Es la percepción de uno mismo, el sentido corporal (que luego desarrollaremos también en la *corporalitá*) que es importante para hacer que una experiencia sea vivida adecuadamente. Los propioceptores musculares, y los que están en la piel y las articulaciones, envían información al cerebro para decidir los movimientos corporales. Neurológicamente hay propiocepción consciente (controlada por el cerebro) e inconsciente (controlada por el cerebelo).

Y el otro sentido que se agrega a los cinco básicos, es el vestibular que está en relación con el movimiento del cuerpo en el espacio: orientación y seguridad, equilibrio y conducción de movimientos. Estos dos sentidos y los cinco básicos hacen que gestionemos las sensaciones de una experiencia. En este momento de tanto virtualismo (lo contrario al presencialismo, el continuo estar trabajando en una pantalla) resalta la referencia de Leonardo da Vinci en la que nos insta a agudizar los sentidos con la presencialidad. Sin duda, que la posibilidad del *smart working* (teletrabajo) es un gran avance, pero tenemos que visualizar la importancia de las sensaciones que permiten desarrollar la mayor emocionalidad de una experiencia.

El desarrollo desde los años noventa de la inteligencia emocional nos permite situar lo emocional como un gran cuerpo de desarrollo humano. ¿Qué poco se aprende de lo emocional en un texto escrito? ¿Qué es más emocional: un abrazo o un emoticono?

Y para agudizar los sentidos hay tres condiciones que nos permiten tener una *sensazione* de nuestra acción humana[12].

- Las pausas activas o el efecto de reminiscencia.
- La práctica deliberada, carga cognitiva.
- Atención selectiva o túnel de la escasez.

En primer lugar, el efecto de reminiscencia se refiere a las investigaciones de la psicología del aprendizaje que nos enseña que, si aprendes algo durante sesenta minutos y luego nos tomamos un descanso de diez recordarás lo aprendido mejor después del descanso que antes. Estos descansos de aprendizaje permiten a los sentidos sintetizar la experiencia y hacer que tengas mejor reminiscencia de lo aprendido. Saber hacer pautas de conciencia que implique una actividad diferente a lo trabajado posibilita un mayor aprendizaje. De aquí lo importante de los descansos de aprendizaje. Además, si estas pausas tienen una actividad que implique movimiento o cambios radicales de pensamiento son más potentes en el recuerdo posterior de lo aprendido.

Leonardo da Vinci ya hablaba de este concepto de pausa activa al que la ciencia psicológica le da tanto valor para el aprendizaje: «De vez en cuando, aléjate, relájate un poco, porque cuando vuelvas a tu trabajo, tu juicio estará más seguro. Vete a cierta distancia porque entonces el trabajo parece más pequeño y se puede ver más de un vistazo y se puede ver más fácilmente la falta de armonía y proporción». Tomar distancia de la problemática para tener una mejor reminiscencia[13].

En segundo lugar, una experiencia es más potente si la carga cognitiva asociada es adecuada, es decir, si tiene un esfuerzo cognitivo requerido para realizar la tarea adecuada a su nivel de dificultad. John Sweller, desde 1988, nos ha enseñado que el aprendizaje es mejor cuando sus condiciones están alineadas con la arquitectura cognitiva humana[14]. La carga cognitiva es la cantidad de información que nuestro cerebro puede almacenar al mismo tiempo para usarlo de inmediato. De aquí lo importante de la práctica focalizada en el aprendizaje a través de una observación continua cuando se está aprendiendo. Durante la realización de la experiencia debemos poner los cinco sentidos en la práctica y tener la posibilidad de asumir el rol de observador participante. Es decir, ser consciente de que poner foco en la tarea que estás aprendiendo nos lleva a un mayor nivel de aprendizaje como se dice en la máxima de Leonardo da Vinci: «El conocimiento no es suficiente, debemos ponerlo en práctica». La práctica con carga cognitiva adecuada es básica en un mundo de enormes distracciones y de atención distribuida.

Y, por último, tenemos el túnel de la escasez, este concepto creado por dos economistas como Sendhil Mullainthan y Eldar Shafir[15], nos indica que en situaciones que una persona debe tomar una decisión y hay insuficientes recursos, la decisión se enfoca en satisfacer estas necesidades con una visión estrecha y sin tener en cuenta otros aspectos internos. Estas decisiones se pueden clasificar de subóptimas porque son óptimas para satisfacer las necesidades, pero no son las mejores por estar encorsetadas en un túnel de escasez. La metáfora del túnel es porque nuestra visión periférica es limitada y nuestra atención es selectiva solo por satisfacer estas necesidades perentorias. La escasez consume recursos cognitivos. Como decía Leonardo da Vinci: «La adquisición del conocimiento siempre es útil para el intelecto, ya que puede expulsar cosas inútiles y retener lo bueno».

El efecto reminiscencia, la carga cognitiva y el túnel de la escasez son tres conceptos de la psicología científica que Leonardo ya tuvo en cuenta, en su gestión del tiempo, en su observación por la práctica y en su amplitud de aprendizaje sin caer en ser esclavo de necesidades económicas que les aseguraba un trabajo rutinario junto a los duques italianos renacentistas.

Sensazione se refiere al valor emocional de vivir la experiencia que hace que tengamos una atención más focalizada, una asociación emocional del recuerdo y una capacidad de decisión donde no primen solo criterios racionales de satisfacción inmediata. Todos los sentidos deben converger en generar un aprendizaje integral porque es en esta convergencia donde está el origen de dicho aprendizaje. En palabras de Leonardo da Vinci: «Todo nuestro conocimiento tiene su origen en nuestras percepciones»[16].

Pregunta poderosa: ¿Qué has sentido en el día de hoy?

4. *Sfumato*: gestión de la incertidumbre

El valor *sfumato* es mi elemento leonardino preferido. Durante mucho tiempo he requerido a mis compañeros y colaboradores incrementar su capacidad de *sfumato*, incluso alguno se ha quejado del valor que doy a aquellos que soportan mejor la ambigüedad. En Leonardo da Vinci se observa la utilización de tonos suaves, difuminados y pseudoborrones como si fueran humanos que él describía como más allá del plano del enfoque. Estos contornos suavizados explican la ambigüedad para entender la incertidumbre en el mundo actual[17].

En alguna conferencia he definido la incertidumbre como cuántica. Porque los esfuerzos explicativos que necesitamos para la búsqueda de la certeza generan un menor conocimiento que si trabajamos con un heurístico de la realidad, asumiendo un grado de incerteza. Solo es seguro lo que es incierto y, es más, lo que es cierto puede ser incierto a la vez, según el observador de la realidad que consideremos.

La gestión de esta incertidumbre pasa por cuatro anclajes que tenemos que asumir como puntales de nuestra seguridad (inseguridad):

- **La autoeficacia.** Este concepto desarrollado por el psicólogo Albert Bandura[18] consiste en la creencia personal sobre tus propias capacidades en una situación determinada. Esta seguridad en ti mismo que se adquiere en tu desarrollo y crianza es fundamental al influir estos pensamientos en tus conductas. No se trata de un acto voluntario sin tener conocimientos ni experiencias, sino de un empoderamiento fruto de tus pequeños éxitos anteriores en adquirir conocimientos y en vivir experiencias. Tener autoeficacia es la base de una gestión adecuada de la incertidumbre. Sin tener seguridad en tus capacidades frente a un reto, no podemos afrontar lo incierto sin creer que lo podemos gestionar. Es pasar de un «sí se puede» solo y altamente volitivo a un «sí se puede, porque tengo la capacidad de aprender». Leonardo da Vinci decía que «los obstáculos no pueden aplastarse, cada obstáculo cede a una determinación firme».

- **La automotivación.** Teniendo un nivel de autoeficacia debemos automotivarnos desde sí se puede, pero solo si previamente se sabe lo que sabes hacer. Automotivarse pasa por la perseverancia y la psicología del intento. Intentar es lo básico para conseguir aprender en un mundo tan incierto. No vale solo con ideas, no podemos quedarnos con los diseños y tenemos que aplicarnos en practicarlo. Leonardo da Vinci probaba una y otra vez sus diseños y no se quedaba en sus ideas. Esta visión, que llamo psicología del intento, está más a aprender que a tener éxito. El éxito es una consecuencia, pero no es el propósito el cual es la comprensión de la realidad. Por tanto, la paciencia es una virtud del profesional en un entorno incierto, para lo cual se necesita una alta dosis de automotivación, como decía Thomas M. Edison: «No he fracasado. He encontrado 10 000 formas que no funcionan». Y también lo expresaba Leonardo da Vinci con esta manifestación: «La paciencia sirve como protección contra los errores igual que hace la ropa frente al frío. Porque si te pones más ropa a medida que aumenta el frío, este no tendrá poder para lastimarte. Entonces, de igual forma, debes tener paciencia cuando te encuentres con grandes errores, y entonces serán incapaces de irritar tu mente»[19].
- **El coraje.** El riesgo de probar soluciones en un mundo incierto requiere de una enorme dosis de coraje basado en la autoeficacia y automotivación. Tener coraje es atreverte a equivocarte, pero sin obviar lo que puedes aprender tras haberlo intentado. Hay que tener coraje para reconocer que el mayor error es no intentarlo, si no se comete errores, no generamos capacidad de aprendizaje. Y no es un coraje ciego, sino desde la creencia en nuestras capacidades y motivaciones para no derrumbarnos tras cometer el error.
- **El propósito.** El coraje basado en la autoeficacia y la automotivación necesitan la guía del propósito. La luz que guía para actuar en la incertidumbre es el propósito. Este propósito es nuestra razón de existir, es aquello que perseguimos con ahínco en nuestra realización personal. Leonardo da Vinci quería comprender la naturaleza y, por tanto, su propósito no era tener ingresos por sus obras o diseños, sino llegar a entender la naturaleza. El propósito nos guía como una estrella, nuestro querido genio decía: «Fija tu rumbo a una estrella y podremos navegar a través de

cualquier tormenta». En situaciones de incertidumbre por qué lo haces nos guía, pero no es lo único que buscas. Porque lo que te orienta más es lo que no quiere conseguir, incluso más que saber exactamente lo que tiene que conseguir, de aquí estraemos, para mí, el mejor consejo de Leonardo da Vinci: «Cuando no puedes hacer lo que quieres, quieres lo que puedes hacer»[20].

Autoeficacia, automotivación, coraje y propósito son las respuestas de elementos leonardinos del *sfumato*; que tiene, en el fondo, otra gran enseñanza; la humildad del saber y la arrogancia del querer saber, pues para el genio italiano «cada uno de nosotros es el centro de un único y especial universo y una partícula insignificante de polvo cósmico».

Pregunta poderosa: ¿Qué dudas te han surgido en el día de hoy?

5. Arte/*scienza*: pensamiento integral e integrado

Es el equilibrio entre la imaginación (arte) y la ciencia, entre el dato y el relato. Hay gente que piensa que el dato mata al relato y otros se fijan en que sin relato no tiene sentido el dato. Contar con ambas aproximaciones a la realidad combinadas en un mismo plano, nos posibilita anclar la imaginación a la realidad y hacer que esta tenga la posibilidad de poder transformarse. Para un perfil como el de Leonardo da Vinci, tan volcado hacia la práctica, no es posible actuar sin la imaginación: «El que ama la práctica sin la técnica es como el marinero que sube a bordo sin timón, ni brújula y nunca sabe dónde acabara». Además, nuestro querido autor pone el arte (imaginación) como más importante que la ciencia cuando dice que «el arte es la reina de todas las ciencias, comunicando el conocimiento a todas las generaciones del mundo».

Integrar imaginación y datos procede de una mentalidad abierta que necesita de la práctica para seguir avanzando en descubrir las leyes de la naturaleza. La imaginación nos permite tener apertura mental y estar abierto a nuevas ideas. Tan importante es la apertura mental como la apertura a la experiencia, quien se encierra en vivir la misma experiencia día tras día genera una cerrazón mental, y viceversa quien rumia sus propias ideas, solo vive experiencias rutinarias y pobres. Esta doble apertura nos lleva a un carácter crítico ante cualquier situación vital: «Cualquiera que defienda un argumento apelando a la autoridad, no está usando su inteligencia, sino que está usando la memoria». No vale lo que ha dicho un autor o los juicios preestablecidos, sino que todo aquello que pueda ser imaginable casi seguro que puede ser contenido de nuestro conocimiento[21].

En este sentido, este elemento leonardino nos lleva a superar la separación entre lo creativo y lo científico. Sin lo creativo no avanzamos en un andamiaje puramente basado en datos. Aquí Leonardo da Vinci representa un modelo de polímata que deja espacio al crecimiento creativo, pensando que combinar la creatividad con la lógica produce una síntesis poliédrica de la realidad. Imaginación y experiencia se interrelacionan en crear un artefacto que tenga mucho pragmatismo, pero que innove sobre lo que existía anteriormente.

Hace muchos años, en los años ochenta, empecé mi tesis sobre creatividad antes de irme a trabajar como psicólogo en la empresa. Era una temática que me encantaba porque un profesor en el bachillerato me dijo que a pesar de sacar buenas notas tenía una personalidad creativa. Siempre me pregunté ¿qué es una personalidad creativa? En los seis meses de 1983 que estuve estudiando la creatividad me quedó mi afición leonardina. Mi ejemplo mental era la utilidad de los diseños de Leonardo da Vinci junto a su capacidad artística. Su relato científico (códices) con sus obras tan detalladas como sus cuadros. En este sentido desde el lejano origen de este libro siempre me sorprendió el modelo creativo diferente de lo que se estudiaba entonces con el ejemplo de Leonardo da Vinci[22].

La creatividad para Leonardo se basaba en cuatro principios que ahora encontramos con tanta evidencia en las investigaciones de la psicología científica, pero aún no estaba presente en aquella época:

- **Orientación al detalle.** Suelen pensarse que el detalle y lo creativo son diferentes. En los estudios de pensamiento divergente (creatividad) frente a la lógica que generaba el pensamiento convergente (reglado) nunca se ponía tanto hincapié en los detalles. Es más, lo colocaba siempre como una característica del pensamiento convergente. Leonardo da Vinci daba un enorme valor al detalle, al acabado de la obra, a la búsqueda de la excelencia en el detalle. Por tanto, no es el creativo el que suelta la idea y no la perfecciona continuamente en sus detalles y esto Leonardo lo aprendió de la naturaleza: «Los detalles hacen la perfección y la perfección no es un detalle». Esta visualización de la perfección nos lleva a un criterio de la creatividad más basada en datos que en el modelo estereotipado del creativo encerrado en su propio juguete mental.

- **Rigor obstinado.** Su famoso lema del «Ostinate Rigore!» convierte a Leonardo da Vinci, como otros grandes creativos como Picasso, en ejemplos del trabajo continuo para ser creativo. La creatividad no sale de una privilegiada mente dotada genéticamente, sino que este armazón intelectual necesita de estar continuamente puliéndose en el trabajo. El rigor de perseguir la concreción en los datos (práctica) para ser más imaginativo y el tener más experiencias para reformular tu imaginación, solo se conseguía con su *Ostinato rigore!* Perseverancia en ser creativo[23].
- **Humildad de genio.** La prepotencia y el saberse distinto, que tienen muchos creativos pensando que su reino no está al mismo nivel que el resto de los mortales, no se representa en Leonardo da Vinci. El verdadero genio milita en la humildad del científico que se da cuenta de las limitaciones personales y, por tanto, no proclama su excelencia en ser creativo sino en encontrar soluciones prácticas. Es demoledor en sus manifestaciones al respecto cuando dice: «El peor mal que se puede hacer un artista es creer que su obra debería parecer buena a sus propios ojos». La humildad como base de la creatividad rompía los esquemas con todos los estudios que la psicología de la creatividad se habían realizado en aquellos años ochenta.
- **Practicidad.** Cuando trabajamos con las actuales técnicas *agile*, siempre que alguien utiliza el término usabilidad y prototipado me recuerda a Leonardo da Vinci. Su creatividad no tiene validez solo por su nivel de originalidad, sino por la aplicabilidad de lo que se imagina. Esta enorme visión de la excelencia por el nivel de uso de lo creado genera una personalidad orientada a la ingeniería y no solo al conocimiento creativo técnico. Esta

practicidad es muy importante para entender esta mezcla entre el arte y la ciencia, porque el objetivo del arte no es solo embellecer la vida, sino también crear utilidad a las personas[24].

El arte y ciencia leonardina nos aporta una personalidad creativa centrada en los detalles, en el trabajo interno, en la humildad y la proactividad de sus ingenios. Esta visión implica un concepto de creativo aplicado y práctico muy diferente al estereotipo de la persona creativa. Muchas veces creemos que el creativo está instalado en su imaginación y el científico en sus datos, y no pensamos que ambas imágenes deben converger en una forma integrada e integral (para aprender de las dos formas para resolver el desconocimiento). Cuando esta doble perspectiva integra ambas formas de entender el mundo y usa ambas formas para solucionar un mismo problema de una forma integral estamos superando la dicotomía artificial entre lo creativo y lo científico. ¿Papá o mamá?[25]

Pregunta poderosa: ¿Qué has imaginado en el día de hoy?

6. *Corporalitá*: equilibrio vital

Este elemento leonardino sorprende por la imagen creada frente al personaje de Leonardo da Vinci, suele escenificarse como un científico aislado o un artista ensimismado con sus lánguidas barbas y su continuo trabajo. Pues Leonardo expresa la apuesta del equilibrio entre cuerpo y mente como base de su creatividad. Ensalza el sueño como creador de ideas y busca en la alimentación su capacidad para equilibrar su cuerpo.

La *corporalitá* se refiere al cultivo de la salud física y mental, como elemento fundamental para desarrollarse como creador. Esta visión del bienestar como elemento de lo creativo nos suena a un paradigma moderno, cuando este elemento se estableció en el Renacimiento produjo un cambio mental. El paso del valle de lágrimas medieval al *carpe diem* renacentista supuso un cambio de cosmovisión y también de foco, el cuerpo es importante. Cuidar tu cuerpo, pero pensando, como decía el artista italiano «un hermoso cuerpo perece, pero una obra de arte no muere», es decir, el cuerpo como obra de la naturaleza nos sirve para crear tus obras de arte[26].

Cuidar el cuerpo y la mente con descanso, alimentación y ejercicio demuestra que el bienestar era básico para crear su propósito de ser un artista. Sin duda, lo corporal es un bienestar expresado por Leonardo, pero lo que me sorprendió es que siglos después, investigadores de psicología científica llegaron a un modelo de bienestar psicológico que firmaría el propio Leonardo da Vinci. El modelo de bienestar psicológico de Carol D. Ryff[27], psicóloga estadounidense de la Universidad de Wisconsin, nos narra las seis dimensiones que generan el bienestar psicológico y que Leonardo da Vinci representaba en su vida.

- Autoaceptación: sentirse bien con tu forma de ser.
- Relaciones positivas: tener relaciones significativas en tu vida.
- Propósito de la vida: sentido y objetivos en la vida.
- Crecimiento personal: utilizar toda tu potencialidad.
- Autonomía: capacidad de elegir y de resistir a la presión social.
- Dominio del entorno: aprovechar las oportunidades e imponderables de la vida.

Cuando en los años noventa empecé a trabajar con los estudios de Carol D. Ryff siempre imaginaba a Leonardo da Vinci. Del bienestar físico de este autor desconocemos muchos datos, más allá de que fue vegetariano, se echaba la siesta y hacía pausas activas en su trabajo. Pero a través de su obra sí que reconocemos su bienestar psicológico.

Leonardo da Vinci vivió en una época difícil para expresar su homosexualidad, se autoaceptó y configuró una personalidad no encerrada en el victimismo, sino en su superación. Autoaceptarse es el primer paso para tener bienestar psicológico, no estar conforme con tu forma de ser, o estarlo a veces y otras no, genera inestabilidad corporal. Lo corporal requiere de un principio de autoaceptación.

Sabemos que creó relaciones positivas verdaderas a través de sus relaciones con Salai (pequeño diablo) discípulo y amante, y de su secretario privado, Francesco Melai, que estaba presente cuando murió. Tener relaciones positivas con familiares y amistades genera una red relacional que permite tener bienestar psicológico, aunque sea un bastardo como fue nuestro artista[28].

Tener propósito para Leonardo da Vinci era tan importante que manifestó «haz que tu trabajo se ajuste a tu propósito». Sin propósito no hay profesionalidad de futuro. Hacer sin querer ser, es un mero vagabundear por tu carrera profesional. Y el propósito genera bienestar. En un libro anterior que escribí, *La salud mental en la empresa*[29], expresé la importancia del bienestar de propósito para superar una visión estática y hedónica del bienestar. No es solo tener buenas condiciones laborales, sino tener un propósito de donde quieres estar como profesional en un futuro.

Y este propósito sirve de *leitmotiv* de tu crecimiento personal. No puedes ser un profesional pleno si no desarrollas todas tus habilidades y pones en acción tu potencial. Es importante el concepto de la psicología positiva de florecimiento o desarrollar lo que el psicólogo Adam Grant llama habilidades del carácter en su último libro *Potencial oculto. La ciencia de conseguir grandes cosas*[30].

Pero sin autonomía no tenemos bienestar personal, la capacidad de elegir tus retos y la posibilidad de equivocarte te da un enorme apoyo a tu bienestar. Tú eres el responsable de tus éxitos y de tus fracasos, por eso, ser autónomo como fue Leonardo da Vinci te da la posibilidad de crear sin tener ninguna obligación que domestique tu creatividad.

Y, por último, para tener autonomía hay que tener un dominio del entorno que te permita estar en el sitio adecuado en el momento oportuno, y también que sepamos medir y apreciar los grandes inconvenientes que acontecen en la vida. No existe un dominio absoluto, pero debemos ser nosotros quienes tengamos las oportunidades y no esperar a que la vida nos las dé. Si no buscas, no encuentras, se decía en mi tierra palentina de mi niñez.

En fin, el bienestar corporal en su totalidad física y mental nos da la posibilidad de tener más ocasiones de creación y, ante todo, sitúa los procesos creativos en el centro de nuestro bienestar huyendo de visiones penosas sobre el trabajo.

Pregunta poderosa: ¿Qué tiempo has dedicado a tu bienestar en el día de hoy?

7. *Connessione*: innovar reconociendo conexiones

Desde la neuropsicología se ofrece una visión actualizada de este elemento leonardino. La comprensión de la mente pasa cada vez más por el concepto de conexión. Desde la primera explicación de Santiago Ramón y Cajal sobre las conexiones neuronales hasta el concepto de poda neuronal o sináptica actual, la conexión es clave para el aprendizaje. Este último concepto es muy revelador sobre cómo las neuronas más usadas desarrollan conexiones más fuertes y aquellas que no se usan o se usan poco desaparecen. Y esta poda no está determinada por la genética, sino como resultado de la experiencia vivida. Volvemos al concepto leonardino del valor de las experiencias. Todo está relacionado y debemos apreciar que todos los fenómenos están interconectados de alguna forma. Como dice Leonardo da Vinci: «Toda parte está dispuesta a unirse al todo, para escapar así al hecho de que no es completa»[31].

En su libro *El cerebro, el teatro del mundo*[32], Rafael Yuste, responsable del proyecto Brain en Estados Unidos, descubre cómo la mente humana hay que entenderla a partir de las redes neuronales, y cómo ochenta mil millones de neuronas se agrupan para crear la mente humana. Entender que las conexiones están en la base de la nueva concepción del cerebro que, como bien dice Rafael Yuste, es una máquina de predicción del futuro que utiliza las redes neuronales para generar un modelo del mundo como si fuese un prototipo de realidad virtual.

Más allá de los estudios neurológicos, debemos pensar que en el mundo empresarial es muy básica una visión conectora desde un punto de vista integral:

- Desde las relaciones. Networking.
- Desde la innovación. Mezclar e hibridar realidades.
- Desde la geoeconomía. Globalización.
- Desde la gestión de personas. Gestión del equipo.

Poner foco en cómo hacer conexiones tiene un enorme avance en un mundo donde se tiende a crear apartados estancos de conocimientos. Ya vimos que hibridar conocimientos es una máxima leonardina, pero este elemento de *connessione* nos habla del valor *per se* de interconectar diferentes realidades, bien sean personas o empresas o economías o productos o servicios, etc.

Daniel H. Pink, en su libro *Cuando*[33], nos habla de la capacidad de ver relaciones, lo que él llama la aptitud sinfonía y que me gustaría analizar con un punto de vista leonardino. Esta capacidad está relacionada:

- **Capacidad de sintetizar.** Más que el análisis específico de un problema con una visión cuasiatómica, desgajando cada detalle, a veces, como hacía Leonardo da Vinci, hay que sintetizar y comparar las similitudes de sus diseños (con las aves) o cómo un tanque se parece a un rinoceronte; este juego de similitudes le permitió generar relaciones inusuales comparándose con la naturaleza. Sintetizar a través de similitudes.
- **Ámbitos no relacionales.** Daniel H. Pink dice que esta aptitud no se centra en campos conectados entre sí, sino en juntar y conectar ámbitos que antes nadie había pensado, pero que tienen una enorme sinergia en un futuro. Combinar entornos diferentes permite cambiar el escenario de pensamiento[34].
- **Detectar patrones comunes.** Aunque las realidades sean muy diferentes siempre hay elementos comunes entre ellos que nos permiten fijar la relación. En psicología cognitiva se habla mucho del reconocimiento de patrones, pero ¿cómo se reconocen estos patrones? Hay seis líneas de investigación:
    - Comparación de plantillas. Cada objeto percibido se almacena en la memoria a largo plazo como una plantilla.
    - Comparación de prototipo. Las percepciones de diferentes objetos similares generan un prototipo. Y los patrones surgen de comparar cada objeto con ese prototipo.
    - Análisis de características. Al percibir un objeto lo clasificamos en diferentes características y, cuando comparamos un mero objeto con esas características, es cuando identificamos los patrones.

- Reconocimiento de componentes. Al percibir un objeto lo descomponemos en diversos componentes. Y cuando otro objeto comparte estos componentes surge el patrón común.
- *Botton up* y *top down*. Los detalles o la esencia de un objeto son dos formas de identificar su patrón, por semejanza en los detalles o por compartir una esencia.
- Seriación. Que los objetos que están antes (causas) o después (consecuencias) pueden ser el motivo de la comparación y generar un patrón de la serie que permite detecta similitudes.

- **Nivel de novedad de la relación.** Daniel H. Pink señala que el nivel de ser inusual en una relación afirma su atractivo de aprendizaje. El poder de evocación depende del atractivo que desprende una relación nueva que genera un nuevo escenario del pensamiento.

Como vemos, la psicología científica avala el desarrollo de las conexiones como un elemento clave de la creatividad, algo que Leonardo da Vinci ya expresó: «Igual que un reino dividido cae, la mente dividida entre muchos temas se confunde y se destruye a sí misma»[35]. Es la conexión entre realidades que nos permite sintetizar, relacionar, buscar patrones comunes y crear nuevas relaciones con lo que se crea lo creativo. Y, si no, que se lo digan a los defensores de la nueva metodología de *design thinking*, cuando la analizas desde una perspectiva leonardina, te das cuenta de lo poco novedosa que es esta metodología. Cuando hablas de empatizar, definir, idear prototipos o hacer pruebas son frases que ya utilizaba Leonardo da Vinci en su proceso creativo.

Pregunta poderosa: ¿Qué conexiones diferentes he hecho hoy?

Generamos las siete competencias básicas de un perfil leonardino[36].

Gráfico 3.4 Competencias leonardinas

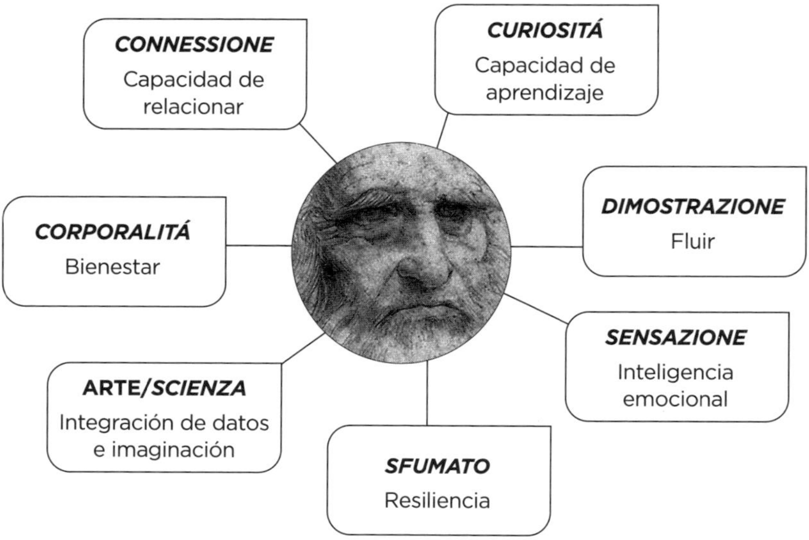

Y relacionando lo analizado hasta ahora en el libro podemos decir:

Gráfico 3.5 Estructura del profesional en la época de la inteligencia artificial

Nueva cultura de trabajo	**Nuevo perfil**	**Nuevas competencias**
• Propósito x bienestar	• Experto-creativo (que sea un rebelde honesto, un buen antepasado, un experto en fracasos) y se convertirá en un polímata (híbrido de conocimientos, crecimiento aptitudinal y vivencia positiva)	• Capacidad de aprender • Fluir • Inteligencia emocional • Resiliencia • Integración de datos/ imaginación • Bienestar • Capacidad de reclamar

La irrupción de la inteligencia artificial demandaprofesionales más leonardinos que no sean expertos-sabios, sino que pregunten, tengan un foco continuo en el aprender, fluyan por experiencias significativas, pongan énfasis en lo emocional, gestionen la adversidad, planteen la realidad con datos combinados con la imaginación, que apuesten por el bienestar y que estén obsesionados en buscar interrelaciones entre ideas. Y estas características de los profesionales para conseguir un ámbito de trabajo donde se valore el propósito de la persona y se busque el compromiso a través del bienestar del empleado[37].

Ahora, como decía Leonardo da Vinci: «Es un alumno pobre el que no va más allá de su maestro» y en los siguientes capítulos voy a intentar prefigurar cómo cambia el tipo de líder en este momento de cambio tecnológico disruptivo. Y vamos a analizarlo con estas siete competencias leonardinas y con los mismos tipos de preguntas[38]:

- ¿Cómo sería un líder con estas competencias?
- ¿Qué tiene que potenciar para desarrollarlas él y su equipo?
- ¿Qué valores culturales debemos precisar para que florezca este tipo de competencias?

Es decir, perfil del líder, gestión de personas y cultura empresarial. Y, antes de analizar el comportamiento del líder, aquí os dejo el *check-list* de preguntas diarias que tenemos que hacernos. Os recomiendo que a modo de balance diario se hagan al final del día.

Las 7 preguntas diarias que Hay que hacerse para ser más leonardinos

- ¿Qué has aprendido en el día de hoy?
- ¿Qué experiencias positivas y negativas has tenido hoy?
- ¿Qué has sentido en el día de hoy?
- ¿Qué dudas te has encontrado en el día de hoy?
- ¿Qué has imaginado en el día de hoy?
- ¿Qué tiempo has dedicado a ti como persona?
- ¿Qué conexiones distintas has hecho el día de hoy?

Pensar con preguntas es el inicio de ser un experto-creativo que se convierte en un polímata[39].

4

CURIOSIDAD. EL LÍDER COMO APRENDIZ ETERNO

¿Cómo es la curiosidad un rasgo del liderazgo actual? En un mundo de enorme disponibilidad del conocimiento, lo importante es buscar nuevas ideas para crear nuevas aportaciones. Y debe ser el líder quien, desde el principio, proponga a la empresa su capacidad de ser curioso que pasa por cuatro fases[1]:

- Querer ser un aprendiz.
- Potenciar la capacidad de asombro.
- Categorizar lo aprendido.
- Buscar aplicaciones a lo aprendido.

Gráfico 4.1 La curiosidad como palanca del liderazgo

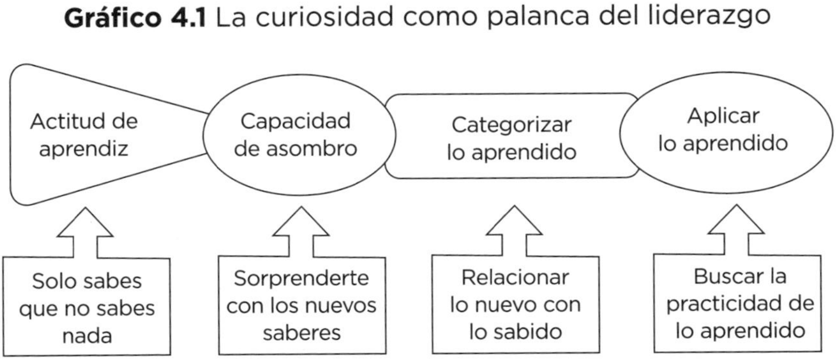

Es muy interesante practicar y entrenar estas cuatro fases para tener curiosidad. Porque asombrarse y ser un aprendiz sin encontrar la aplicabilidad de lo que vamos a aprender, no sirve para ser un buen líder. Un líder curioso se basa en los sentidos con enorme apertura mental para aprender todos los días sobre temáticas que le llamen la atención, pero inmediatamente ordena lo aprendido en su comprensión y busca su aplicación en cada momento. Esta es una dimensión para la capacidad de aprendizaje no solo centrada en lo que eres experto, sino también en ideas diversas y distintas.

1. El líder y la capacidad de aprendizaje

En primer lugar, el líder curioso tiene una actitud de aprendiz. Hoy día el máximo honor es ser un aprendiz eterno, y como decía Leonardo da Vinci: «Se ama lo que se conoce». Ser un aprendiz implica la actitud de querer ser un aprendiz. Esta actitud se centra en cuatro características[2]:

Humildad: aceptar que no se sabe.
Honestidad: explicitar lo que no se sabe.
Ambición: querer saber todo lo que se pueda.
Generosidad: no dejar de esforzarte para aprender.

Esta actitud (HHAG) es básica en la concepción de un becario, pero también en cualquier profesional y fundamental en el perfil de un directivo leonardino. El estado de tu HHAG determina tu capacidad de crecimiento en el aprendizaje.

Empieza por aceptar que no se sabe, pero con interés de superar este estado de ignorancia. Humilde de base, pero poniendo todos los esfuerzos para aprender. Honesto para no guardarme en supuestas ambigüedades de lo que se sabe, reconocer que no se sabe una cosa pero que pones todo tu interés en aprenderlo es un síntoma de enorme salud cognitiva para abordar el nuevo aprendizaje. Para saber hay que empezar a saber que no se sabe.

Pero esa humildad y honestidad mental debe acompañarse con tener ambición por aprender. No conformarse con lo aprendido, sino siempre estar orientado a aprender más, es como decía Leonardo la importancia de conocer para amar.

Esta ambición debe complementarse con la generosidad en el esfuerzo de aprender, nada se consigue sin tener generosidad en tiempo y profundidad en el esfuerzo para aprender.

Esta actitud del aprendiz (HHAG) genera una mentalidad de aprendizaje continuo que aborda cada día de trabajo con la humildad y honestidad del no saber y con la ambición y generosidad del esfuerzo para estar constantemente aprendiendo.

Junto a esta mentalidad de aprendiz debemos conservar nuestra capacidad de asombro. Asombrarse es una capacidad que disminuye con la edad, como se ha demostrado en los últimos estudios de la Universidad de Berna, fundamentalmente porque la experiencia y el conocimiento adquirido nos lleva a sobreutilizar el sesgo de confirmación. Como investigó Daniel Kahneman, todo aprendizaje tiene una limitación que es el sesgo cognitivo que busca confirmar lo que ya sabes para tener razón[3]. Este sesgo de confirmación nos lleva a minorar la capacidad de asombro. El psicólogo Daniel Keltner que estudió en la Universidad de Berkeley las emociones positivas, nos indica que se puede entrenar la capacidad de asombro, que ellos denominan el asombro maravillado[4]. Y que se puede favorecer de la siguiente forma:

- Vivir el momento de asombro, no pensar en lo que se sabe sino en lo que voy a aprender.
- Visualizar lo desconocido como una oportunidad de crecimiento personal y no como un elemento desestabilizador de tu conocimiento actual. Tú no eres lo que conoces sino lo que puedes aprender.
- Centrarse en las oportunidades de creación de nuevas ideas que te dan lo que te asombra. Si no te asombras, no vas a poner más emoción en aprender. Y aprenderás aquello que realmente queremos aprender.
- Gestionar emociones positivas asociadas a los contextos de asombro. Sabemos neurológicamente que sí existe el asombro y produce una descarga de dopamina muy útil para asociar el aprendizaje a una carga cognitiva positiva. Y sabemos, por multitud de investigaciones psicológicas, que el recuerdo asociado

a una carga positiva genera felicidad cuando se recuerda y, por tanto, se obtiene un mejor aprendizaje. Tiene una utilidad en tu bienestar futuro.

La capacidad de asombro (efecto *wow*) hay que entrenarlo para tener un potenciador de la mentalidad de aprendiz. Si somos un aprendiz con capacidad de asombro estaremos teniendo los mejores pilares para tener una enorme capacidad de aprendizaje.

Tras trabajar en esta actitud y capacidad tenemos que saber categorizar lo aprendido, y aquí viene el valor del saber preguntar. El dominio del arte de preguntar genera una enorme capacidad de aprendizaje porque nos permite categorizar lo aprendido. Nadie aprende nada sin relacionar los contenidos nuevos con los contenidos que ya sabemos, y que hemos aprendido. Y en esta interrelación juega un papel básico la pregunta.

Quien pregunta adecuadamente a la realidad, desarrolla el aprendizaje. Pero tenemos que pensar holísticamente en todas las facetas de una realidad. Para establecer relación entre lo nuevo y lo ya sabido. Así tenemos[5]:

Gráfico 4.2 Las 7 preguntas básicas de la realidad

Conocer y aprender una realidad pasa por entender estas conexiones y las diferentes realidades que se descubren con preguntas. El saber preguntar posibilita crear nexos significativos de aprendizaje.

Y, por último, la aplicación de lo aprendido. Tenemos la actitud, la capacidad de asombro, sabemos preguntar y debemos contextualizarlo en su aplicación. Como se dice hoy en la gestión de la implantación de la inteligencia artificial: buscar los casos de usos. Dónde podemos aplicar lo que sabemos para cerrar el bucle del aprendizaje, aprender necesita de acción, la cual no se explica sin el conocimiento. Probar y practicar lo aprendido, hacer que el líder pueda pasar de una curiosidad que acumula conocimiento a una habilidad. No hay aprendizaje sin hacer cosas nuevas.

Para ser un aprendiz eterno tenemos que cimentar nuestra actitud de aprendiz (HHAG), desarrollar las capacidades de asombro, de preguntar a la realidad y practicar lo aprendido en la realidad con los diferentes usos y contextos en la vida diaria. La capacidad de aprendizaje es una gran habilidad del líder leonardino. Leonardo da Vinci decía que «la ciencia es el capitán y la práctica son los soldados» que resumía la visión de que «una ciencia es tanto más útil cuanto más universalmente pueden comprenderse sus producciones; y, al contrario, lo será menos en la medida en la que estas sean menos comunicables»[6].

2. Cómo se desarrolla la capacidad de aprendizaje

Habitualmente se piensa en soluciones de formación como la fórmula mágica del aprendizaje. Sin duda que la asistencia y participación en eventos formativos es una gran forma de aprender, pero no es la única y además en los entornos empresariales hay muchas vías de aprendizaje (formal e informal)[7].

Gráfico 4.3 Diagrama de formas de aprendizaje en la organización

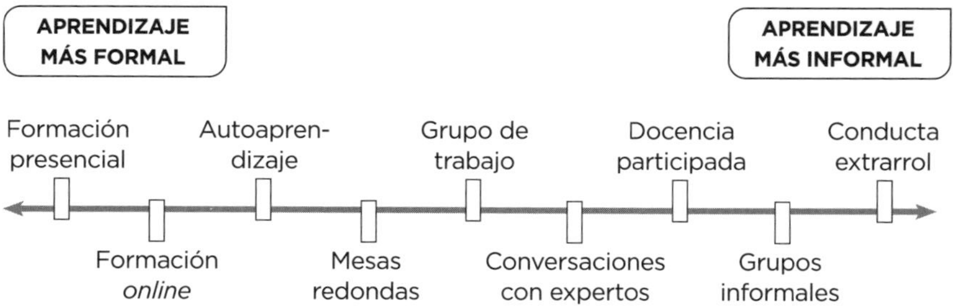

- **Formación presencial**
  Académica-participativa-*team building*
- **Formación *online***
  Formato *blended*-píldoras activas-retos de aprendizaje
- **Autoaprendizaje**
  Lectura libros-pódcast-*social learning*
- **Mesas redondas**
  Con presentación previa, con preguntas establecidas-con preguntas abiertas

- **Grupo de trabajo**
  Grupo de discusión-grupo de decisión-grupo de proyecto
- **Conversaciones con expertos**
  Conferencia experto-conversaciones con expertos-*coaching*
- **Docencia participada**
  Conferencia impartida-escribir artículos y libros-docencia asignaturas
- **Grupos informales**
  Grupo de ocio-grupo informal de empresa (*networking*)-*mentoring*
- **Conducta extrarrol**
  Participación lúdica-involucración proyectos culturales-voluntariado social

En este diagrama están resumidas las veintisiete formas de aprendizaje en el contexto organizacional. En esta clasificación puede observarse la variedad de formas de aprender para un directivo, el curioso orientado al aprendizaje suele utilizar las diferentes formas que le ofrece la actividad profesional. Aprender es ante todo una actitud proactiva de la persona frente a la visión reactiva de esperar a que te formen. De aquí la importancia de visualizar una enorme diversidad de vías de aprendizaje, para estar todo el día pensando que estamos aprendiendo. Siempre me ha encantado lo que Luis Racionero cuenta en su libro sobre Leonardo da Vinci[8], dice este autor que Leonardo llevaba siempre un cuaderno para tomar apuntes de personas que se encontraba por la calle, que incluso, a veces, observaba sus pequeños gestos y por la noche las reproducía como si los tuviera adelante. Y en cierta ocasión, continúa Luis Racionero, en una cena con varios campesinos, Leonardo les contaba toda clase de chistes para que ser rieran a carcajadas; y luego dibujaba sus sonrisas en su diario. ¿De dónde salió la sonrisa de la *Monalisa*?

Esta anécdota de Leonardo da Vinci me da pie a tres conceptos de aprendizaje de los que debe ser consciente un directivo.

- Aprendizaje observacional. Aprender de modelos y contraejemplos.
- Aprendizaje por retos.
- Aprendizaje con prototipos.

Se intuye que Leonardo da Vinci escribió más de 40 000 páginas en sus famosos cuadernos (aunque solo se han conservado 12 000 páginas), lo que explica su curiosidad, pero, ante todo, sus estrategias de aprendizaje que coinciden con las nuevas investigaciones en psicología del aprendizaje.

El aprendizaje observacional o vicario, que Albert Bandura[9] desarrolló el siglo pasado, se basa en la observación de la realidad y la constitución de modelos mentales a través de modelos reales. Identificar personas cuyas conductas te sirvan de ejemplo, y también identificar otras personas que por sus acciones sean un contraejemplo. El maestro que seguir frente al maestro que no seguir. En los procesos de *coaching* siempre me gusta identificar los maestros del *coachee* en ambas esferas (ejemplos y contraejemplos) para saber qué comportamiento social está asociado al aprendizaje. A Leonardo da Vinci observar a la gente le servía para crear sus pinturas.

El aprendizaje por retos o modelos ABR (en inglés *challenge-based learning*, CBL)[10] se basa en el recorrido vivencial de aceptar el desafío que supone un reto que aprender. Para Leonardo da Vinci, la naturaleza ofrece retos continuos de aprendizaje y, por tanto, aceptaba ese desafío y profundizaba (*approfondire*) en él. No aceptaba un conocimiento establecido y superficial, sino que intentaba responder al reto que le presentaba la naturaleza en todo su alcance y profundidad.

Y, en tercer lugar, la estrategia del aprendizaje con prototipos, cuando tenía un reto y había aprendido de sus modelos, intentaba crear un prototipo ingenieril que aprendizaje. Probar (*probare*) implicaba ir rápido en el aprendizaje sin importarle la posibilidad de fracasar. Podemos decir que Leonardo da Vinci fue promotor de las metodologías ágiles, pues usaba el prototipado como una estrategia clara para comprender la naturaleza.

Observar a los maestros, aceptar los desafíos de los retos y buscar prototipos para consolidar lo que se sabe son tres estrategias muy útiles que el directivo tiene para desarrollar su capacidad de aprendizaje.

Si unimos a la diversidad de formas de aprender (veintisiete formas) estas tres estrategias mentales, obtenemos el desarrollo de la capacidad de aprendizaje en las empresas que tiene que utilizar nuestro líder leonardino.

3. Valor del saber para hacer. Cultura de aprendizaje

El líder que es un aprendiz eterno debe crear un valor en la cultura de la empresa basado en el aprendizaje. Esta cultura del aprendizaje necesita enfocarse en tres conductas directivas básicas:

- Aprender como inversión empresarial.
- Aprender como base del crecimiento personal y profesional.
- Aprender como base de la productividad.

El crecimiento empresarial y profesional de los miembros de la empresa que inciden en la productividad de la empresa configuran una cultura de aprendizaje. Más allá de la retahíla clásica de la formación en el aula, debemos entender los procesos de aprendizaje como un proceso diario de liderazgo.

Siguiendo a Leonardo da Vinci os recomiendo tres ejercicios diarios, que también aconsejaba, en parte, Albert Einstein en sus libros[11]:

- Tomar notas continuamente de lo que aprendes, de los retos, de las ideas, de las reacciones emocionales. Liderazgo con cuaderno.
- Balancear cada día el aprendizaje que hemos adquirido en las diferentes áreas. Ser consciente de lo que se aprende. Y responder

a la pregunta: ¿qué he aprendido en el día de hoy? Albert Einstein recomendaba, antes de irse a la cama, apuntar las tres cosas que había aprendido en el día. Con este ejercicio, se esforzaba en hacer consciente el aprendizaje que había realizado.

- Identificar tus creencias limitantes, las que durante el día han limitado el aprendizaje. ¿Qué creencias me impiden pensar fuera de la caja? ¿Por qué acepto presupuestos mentales de otras personas? ¿Cómo me influyen ideas preponderantes en el sector? Como decía Leonardo da Vinci: «El que piensa poco se equivoca mucho», el aprendizaje debe ser pensado y reflexionado para convertirlo en hábito, para eso es muy útil categorizar los miedos y creencias que me impiden aprender. El ejercicio es visualizar «si no existiera A (creencia) cómo podría aprender». Este ejercicio lo llamó el triángulo de las limitaciones, donde se trata de identificar las tres creencias (más de una) que tienen que superarse para aprender. Un ejemplo muy sencillo:

Gráfico 4.4 Ejemplo del triángulo de las limitaciones

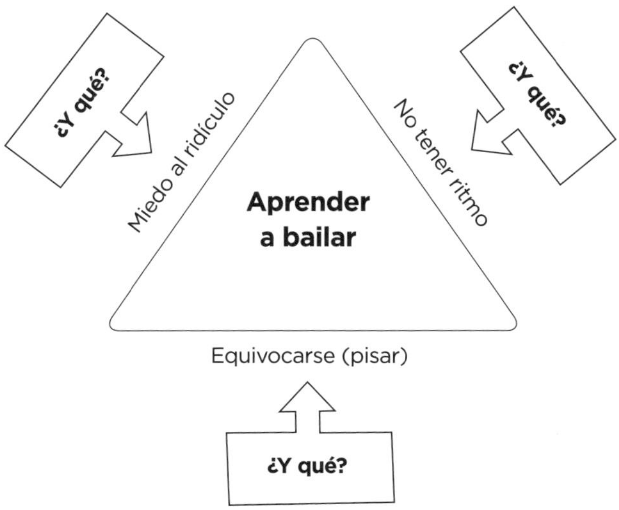

Estos «¿Y qué?» superan las creencias limitantes. Todos los días hay que pensar en los ¿y qué? que te están limitando.

Los tres ejercicios llevan un cuaderno de aprendizaje, apuntar los aprendizajes del día antes de dormir y dibujar el triángulo de las limitaciones en cualquier nuevo aprendizaje es muy útil para tener una cultura de aprendizaje.

Pero el argumento básico es que aprender es una inversión, un crecimiento profesional y una apuesta para incrementar la productividad y que no puede quedarse en hueras palabras en un documento escrito en la memoria de la empresa o en la página web.

Debemos pensar en la práctica, el propio Leonardo da Vinci decía que «el conocimiento no es suficiente, debemos ponerlo en práctica», por tanto, estos valores deben traducirse en acciones empresariales. A nivel de KPI (*key performance indicators*) hay tres índices básicos de medición de la cultura de aprendizaje[12].

- Número de horas dedicadas al aprendizaje/Número de horas trabajadas (no solo a formación reglada sino a proyectos, grupos, dar cursos, etc.).
- Número de productos o servicios nuevos/ Número de productos o servicios totales (últimos dos años).
- Facturación de productos o servicios nuevos/ Facturación de productos o servicios totales (en el ejercicio).

No hay que quedarse con un canto al aprendizaje, sino a los resultados que suponen que la empresa apueste por ellos. Si mejoramos estos índices de conocimiento estaremos creando una cultura de aprendizaje que, sin duda, repercutirá en la productividad empresarial.

Y no vale la creencia limitante de no tengo tiempo. Tener tiempo para aprender es una forma de gestionar mejor tu tiempo futuro. Y como decía Leonardo da Vinci: «El tiempo es suficientemente extenso para aquellos que no lo usan». O como digo yo en mi labor de *coach* de directivo: ¿eres eficiente o estás ocupado? Estar ocupado no implica ser eficiente[13].

EL LÍDER COMO APRENDIZ ETERNO

Características

- Actitud de aprendiz
- Capacidad de asombro
- Categorizar lo aprendido (preguntar)
- Aplicar lo aprendido (cómo le das uso)

Formas de aprendizaje

- Formación presencial
- Formación *online*
- Autoaprendizaje
- Mesas redondas
- Grupos de trabajo
- Conversaciones con expertos
- Docencia participada
- Grupos informales
- Conducta extrarrol

Estrategias de aprendizaje

- Aprendizaje observacional por modelos
- Aprendizaje por retos
- Aprendizaje con prototipo

Cultura del aprendizaje

- Inversión empresarial
- Crecimiento personal y profesional
- Productividad asociada al aprendizaje

Prácticas

- Cuaderno de aprendizaje
- Balance diario de aprendizaje
- Romper creencias limitantes. Triángulo de limitación

5

DEMOSTRACIÓN. EL LÍDER QUE SABE CUESTIONAR A LA REALIDAD

El valor de la demostración o experiencia debe servir para generar un pensamiento crítico, la experiencia no significa encerrarse en lo sabido, sino en saber sacar una enseñanza de esta que genere una vivencia transformadora. Buscar en la práctica y no fiarte solo de su conocimiento técnico hace que un líder se cuestione la realidad hasta que tengas datos para tomar buenas decisiones empresariales. En fin, el líder debe desarrollar un pensamiento crítico para evitar suposiciones y estereotipos establecidos en su experiencia anterior. La mejor muestra de tener una buena experiencia es contextualizar su significado, aprender de su contenido y tener una vivencia positiva (o negativa) para recordarla adecuadamente. Como vimos en las competencias leonardinas, aprender de la experiencia es un gran valor y si las analizamos con el modelo ERPA (emocional, racional, procesal y automatización) tenemos una gran vivencia de dicha experiencia. Pero el líder que aprende de la experiencia debe desarrollar su capacidad de cuestionar la realidad. Y el desarrollo del pensamiento crítico requiere incrementar esa capacidad cuestionar la realidad, que sigue el siguiente proceso:

Gráfico 5.1 Esquema del pensamiento crítico

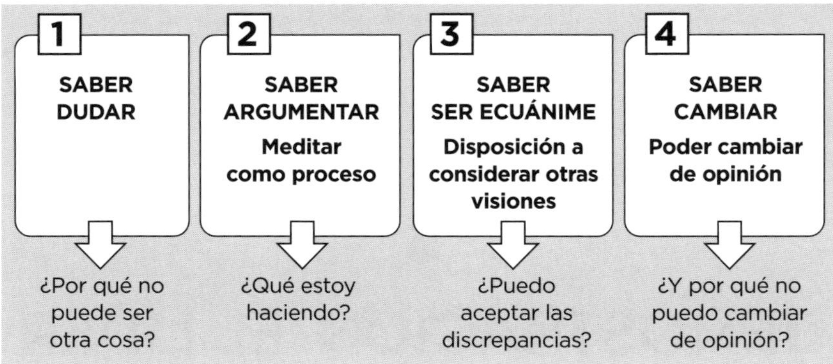

El pensamiento crítico empieza en la duda, prosigue por tener tiempo para meditar sobre ella, luego se deben considerar otras visiones diferentes a la tuya y finalmente tener el poder de cambiar de opinión sin romper tus esquemas mentales y tus valores (no siempre se tiene razón). Este proceso surge de la reflexión en el siglo XVI del gran filósofo Francis Bacon sobre el valor del empirismo para conocer la naturaleza[1].

1. El líder y el pensamiento crítico

Decía Marco Aurelio que «la vida de un hombre es lo que los pensamientos hacen de ella»[2]. En el caso del liderazgo, cuidar de tus pensamientos es desempeñar mejor tu liderazgo. El pensamiento crítico es muy necesario en un momento como el actual, donde se conjugan en una tormenta perfecta de muchos tipos de incertidumbre y es el momento en el que cuanta más información tenemos de nuestra actividad, menos sabemos a ciencia cierta. Como bien expresa María Ángeles Quesada en su libro *La virtud de pensar*[3] el tránsito de una sociedad enclavada en la solución, a una sociedad en la que habitemos en el problema para hacernos preguntas, es proceloso.

El pensamiento crítico es necesario en este mundo de posverdad, con un alto nivel de ruido informativo (infoxicación) y es necesario, como dice Bjung Chul-Han[4], en esta sociedad de la positividad (hay que ser positivo y no ver lo negativo), que abunda lo idéntico (no seas especial), que se niega lo diferente y lo contrario (salirse de lo normal no es normal) y en vez de dudar se busca el superendimiento como profesional (mito de la eficacia).

Con todos estos argumentos insisto en la necesidad del pensamiento crítico como valor actual. Leonardo da Vinci decía que «una pequeña verdad es mejor que una gran mentira» y la base del pensamiento crítico es buscar esas pequeñas verdades que lo constituyen. Cuidar tus pensamientos está en la base del buen líder, no vale solo querer aprender, hay que saber cuestionar la realidad para valorar lo aprendido.

Con el esquema en cuatro fases del pensamiento crítico vamos a desmenuzar lo que debe hacer un líder para fomentar el pensamiento crítico como competencia directiva.

Saber dudar

Parece que dudar es de débiles y tener asertos vitales claros, incluidos en tu ADN, te da fortaleza, pues casi es al revés. Nos tenemos que librar de los líderes que apelan a su clarividencia ante cualquier problema, porque seguro que tomará decisiones sin poner foco en otras alternativas a su mera opinión. Dudar por dudar no, pero dudar para generar pequeñas verdades está en la forma de ser un líder renacentista. En este punto, volvemos a Daniel Kahneman con su enorme concepto de sesgos cognitivos, que eran aquellos patrones de interpretación de la realidad que usamos en nuestros razonamientos para tomar decisiones rápidamente[5]. En sí, como dice el psicólogo Gerd Gingerenzer, no deben percibirse como negativos, sino como efectivos en muchas situaciones[6], pero lo importante es que estas intuiciones sobre la realidad debemos hacerlas conscientes cuando necesitamos tomar decisiones complejas. La racionalidad limitada del sistema 1 de pensamiento no nos puede obnubilar en decisiones de calado empresarial. En otra multitud de ocasiones pueden ser muy útiles, pero en un mundo saturado de información que nos induce a pensar simple para actuar, tenemos que saber que dudar es un valor que dota de calidad a la decisión.

Sabemos que hay sesgos personales (tuyos) y sesgos culturales (de tu ecosistema social) que condicionan nuestras intenciones de dudar sobre una realidad.

Gráfico 5.2 Intervención de los sesgos al percibir la realidad

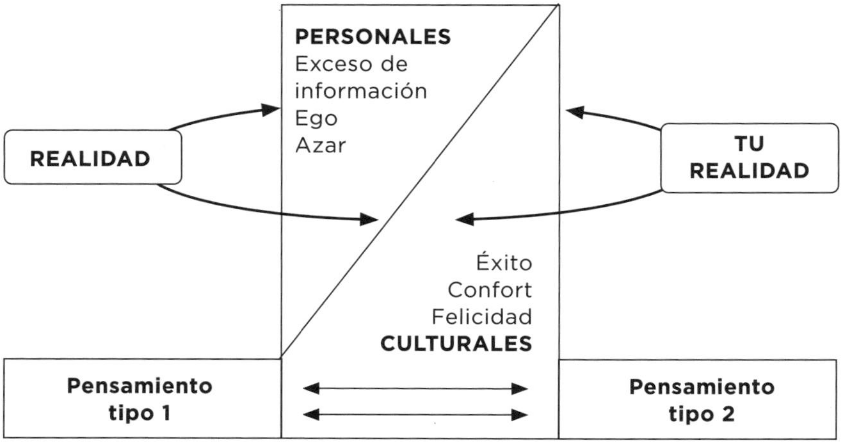

Saber dudar es analizar cómo tus sesgos (personales y culturales) están distorsionando tu realidad, para que seas consciente de que estás empleando tu pensamiento tipo 1 frente a una realidad y, a lo mejor, si pasa al pensamiento tipo 2 dicha realidad podemos ganar en calidad de percepción.

Los estudios de psicólogos económicos de Kahneman y Tversky me gusta clasificarlos en torno a estos conceptos[7]:

Tabla 5.1 Clasificación de la tipología de sesgos

SESGOS PERSONALES **Sesgos propios de mi ser**	**SESGOS CULTURALES** **Sesgos propios de mi ecosistema social**
1. Sesgos por exceso de información	**1. Sesgos por proteger tu zona de confort**
No perder tiempo en el análisis de la información y responder rápidamente: sesgo de confirmación, disponibilidad, halo, etc.	No debatir el valor de tu esfuerzo socialmente hablando: sesgo de eficacia, expectativas, explicaciones sonda, etc.

SESGOS PERSONALES Sesgos propios de mi ser	SESGOS CULTURALES Sesgos propios de mi ecosistema social
2. Sesgos para defender tu ego Para no criticar tu forma de ser y de actuar: sesgo de atribución, retrospectiva, etc.	**2. Sesgos por la visión social del éxito** Buscando el eco social de consideración propia de una persona que ha triunfado: sesgo de éxito en el trabajo, fama, etc.
3. Sesgos para mitigar el azar Para relativizar el papel del azar en las decisiones: sesgo de optimismo excesivo, túnel de escasez.	**3. Sesgos por lo que considera tu sociedad como felicidad** Trabajando un concepto de felicidad socialmente adecuado: sesgo de visión de la familia, posición social, etc.

Todos estos sesgos te impiden generar dudas. Ya que las dudas precipitan un mayor gasto energético y enseguida buscamos la solución. Antes de reflexionar en el problema, nos encanta encontrar soluciones. Como decía Einstein: «Si tuviera un problema y mi vida dependiera de ello y tuviera una hora para resolverlo, dedicaría los primeros 55 minutos a determinar la pregunta adecuada y luego los 5 minutos últimos me sobrarían para darle solución»[8].

Tener tiempo para dudar, mejora la calidad de nuestras decisiones, para que la realidad se convierta en tu realidad debemos separarnos de la charlatenería (*bullshitting*) que hoy día envuelve a la sociedad a través de las redes sociales y que hace que la incertidumbre sea una nube continua de falsas noticias.

¿Y cómo debe acabar un proceso de dudar? Pues con la pregunta adecuada a la realidad. Y teniendo dicha pregunta debemos meditar las posibles respuestas a la pregunta: ¡Saber preguntar a la realidad!

Meditar como proceso

Si tener una pregunta reflexionada sobre la realidad es un regalo para el líder, el saber meditar sobre ella sin falacias y en diálogo con otras personas es una bendición. Las falacias son malas argumentaciones que nos convencen y nos impiden saber argumentar adecuadamente. Los argumentos deben proceder de un análisis ecléctico de la realidad. Y de un proceso sano en la argumentación.

Saber argumentar está en el centro del concepto del pensador crítico ecuánime que nos descubre la Fundación para el Pensamiento Crítico (Critical Thinking Foundation)[9] donde se define qué es un pensador:

- Sabe procesar la información. Saber dudar.
- Sabe analizar la información. Sabe argumentar.
- Sabe valorar la información. Saber ser ecuánime.
- Y además... Es justo con los demás porque sabe cambiar de opinión.

Los argumentos se basan en estrategias mentales y en descubrir las trampas de las falacias. Saber argumentar consiste en encontrar explicaciones por diferentes vías de adquisición de argumentos.

Gráfico 5.3 Esquema de saber argumentar

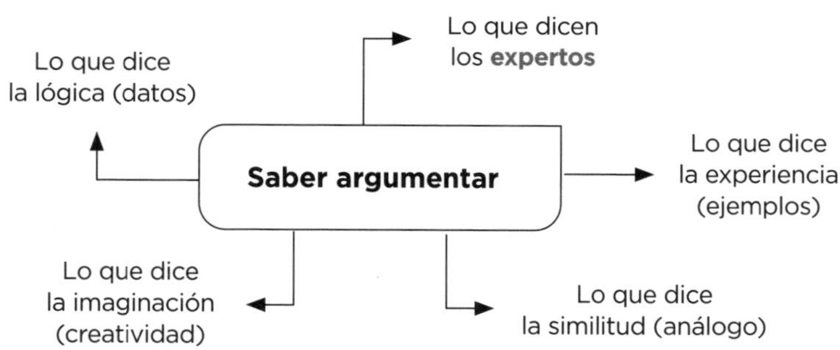

Leonardo da Vinci es el mejor ejemplo de un modelo de argumentación compleja, donde la imaginación juega al máximo nivel como los datos, la experiencia, la experturía, etc. Analizar los argumentos con diferentes perspectivas y cualificando dichos argumentos con una diversidad de ideas que proceden de distintas vías enriquecen nuestra capacidad de argumentar.

Ahora, este saber argumentar debe cuidarse de no caer en falacias de argumentación. Los principales tipos de falacias las podemos resumir[10]:

Gráfico 5.4 Tipos de falacia en la argumentación

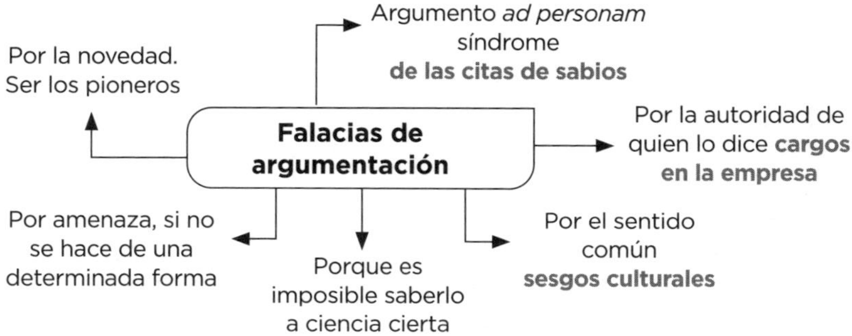

Estos seis tipos de falacias nos abordan a la hora de argumentar y nos obnubila generando argumentos perniciosos e inconsistentes. Saber argumentar es tener diversidad al analizar la realidad y no caer en las trampas mentales que nos lleva estas falacias que hemos expuesto[11].

Saber ser ecuánime: disposición a considerar otras visiones

La ecuanimidad consiste en aceptar que otras opiniones sobre la decisión pueden ser adecuadas. Aquí emerge la capacidad de ejercitar el arte del diálogo. Comprender, aceptar y saber cuestionarte tu opinión frente a otras opiniones. La importancia de saber conversar para ser ecuánime es una capacidad directiva en alza en un mundo que todo lo sabe y en el que todos opinan creyéndose portadores de la verdad. Pero el diálogo debe ser útil y no espurio en su dinámica. Una buena conversación en un mundo de wasapitis (abuso de WhatsApp)[12], de conversaciones escritas con emoticonos y de bucles de correos hiperexplicativos es muy difícil y, por tanto, necesitamos hablar más. El líder que desarrolla el pensamiento crítico debe saber dialogar, pues el diálogo fructifica en tener un mayor nivel de ecuanimidad. El planteamiento de un diálogo que te permita tener en cuenta lo que expreso en el siguiente gráfico:

Tabla 5.2 Modelo de diálogo para tener pensamiento crítico

Diseño del diálogo	Actitud para dialogar	Dinámica de diálogo
• Quién dialoga • Qué información previa se comparte • Qué tiempo de diálogo se establece • Qué resultados prevemos conseguir • (aunque sea un no-resultado)	• Relativizar tu ego y aceptar otras opiniones • Matizar tu estilo de comunicación • Buscar argumentos, no defender tus ideas • Saber valorar los silencios y el lenguaje no verbal	• Preparar preguntas iniciales • Respetar el turno de palabra • Hacer preguntas para dialogar más que para hacer aseveraciones • Responder, aunque sea con un «no sé» cualquier pregunta en el diálogo

Este modelo de diálogo propone la creación de una opinión más cualificada, aunque mantengas la opinión inicial, pero siempre estará matizada por la exposición a otras opiniones durante el diálogo. Si entramos en un diálogo con un diseño adecuado, con una actitud de aceptar otras opiniones y desarrollamos dicho diálogo con una forma adecuada, seguro que al final del mismo hemos cambiado en parte los argumentos que utilizamos.

Saber cambiar de opinión

El pensamiento crítico no implica siempre cambiar de opinión, pero sí matizar tu opinión fruto de las dudas que te generan otras opiniones, analizamos argumentos y diálogos que has establecido para buscar las *dimostrazione* de las que nos hablaba Leonardo da Vinci. Pero eso sí, si fruto de este proceso debemos cambiar de opinión lo tenemos que aceptar como un valor y no como un requerimiento. Valorar que sabes cambiar como líder es una gran oportunidad para desarrollar tu valía profesional. Leonardo da Vinci daba luz a tener pensamientos críticos cuando decía que «la experiencia no se equivoca, solo tus juicios se equivocan al esperar de ellos lo que no está en su poder»[13].

La duda, la buena argumentación, el diálogo y el cambio de opinión son los elementos de un buen pensamiento crítico, como ya nos decía el filósofo John Dewey a principios de siglo XX cuando decía «el pensamiento crítico es la supresión del juicio por indagar la naturaleza del problema antes de proceder»[14]. Este concepto de la naturaleza del problema es básico para un líder leonardino, más que ir a resolver el problema inmediatamente tenemos que analizar su naturaleza poniendo en duda nuestras ideas, buscando argumentos que expliquen dicho problema, compensando las percepciones propias con las de otras personas en una dinámica de diálogo, y solo entonces valorar un posible cambio de opinión.

Cambiar de opinión tras este proceso es un emblema de un líder leonardino.

En fin, el pensamiento crítico se consolida junto con la capacidad de aprendizaje como las dos características básicas que debe tener un líder en época pos-IA.

2. Cómo se desarrolla el pensamiento crítico

Vista la importancia de apostar por el pensamiento crítico, tenemos que analizar vías de adquisición de este pensamiento crítico. Expongo en el siguiente gráfico un modelo que podemos utilizar, fruto de mi labor como *coach* de directivos[15]:

Gráfico 5.5 Vías de desarrollo del pensamiento crítico

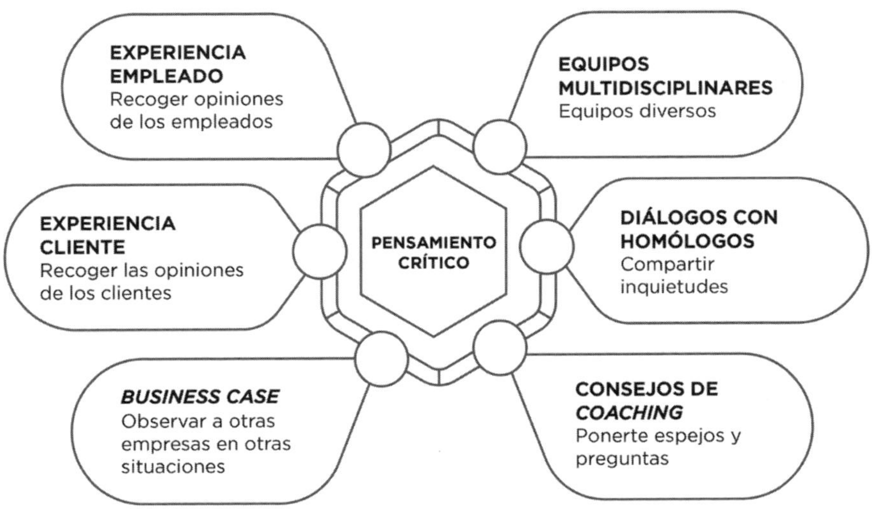

Un líder que se cuestiona la realidad necesita:

- Equipos con diversidad no solo de género, generacional, cultural o funcional, sino también de diversidad académica y de competencias para establecer en la dinámica del equipo directivo conversaciones adecuadas por su complementariedad y diversidad.
- Diálogos con homólogos, con otras personas en una misma situación para analizar contextos de decisión similares y qué soluciones han planteado que podamos sacar una lección de la experiencia.
- Consejos de *coaching*, una de las ventajas del *coaching* es la disponibilidad de un espejo para reflejar tus argumentos y hacerse aquellas preguntas que habitualmente no te haces.
- *Business case*. A través de conocer casos reales de empresas y de organizaciones en situaciones similares que nos permiten extrapolar resultados e identificar otras soluciones.
- Experiencias de cliente, las opiniones de tus clientes cuestionan tus perspectivas planteadas solamente desde tu conocimiento y saber. El pensamiento crítico al incorporar la visión del cliente es una gran aportación de enriquecimiento con un punto de vista de un actor fundamental en tu empresa.
- Experiencia de empleado. Además de tu equipo directivo hay que tener en cuenta opiniones de otros empleados de la empresa, con otros roles en la empresa. Especialmente, aquellas con más nivel de contacto social y con clientes.

Esta visión de desarrollo del pensamiento crítico pone foco, especialmente en:

- Seleccionar a tu equipo directivo con personas de perfiles diversos en sus variables de identidad.
- Quedar en almuerzos y reuniones con homólogos con los que compartir experiencias.
- Elegir un *coach* que te proporcione preguntas que te hagan pensar.

- Estudiar empresas con una problemática similar a tu momento actual en la empresa.
- Preguntar sistemáticamente a tus clientes sobre tu empresa.
- Preguntar a los empleados y poner la voz del empleado como un elemento básico de tu procesamiento de información como líder.

Desarrollar tu pensamiento crítico nos lleva a lo que Leonardo da Vinci nos dijo: «Es un hecho reconocido que percibimos errores en el trabajo de otros más fácilmente que en el nuestro».

3. Valor de criticarte a ti mismo, la cultura del error

Este elemento leonardino de la demostración necesita una consideración del error no como un fracaso, sino como una oportunidad. La cultura del error no se trata solo de aceptar el error, sino fundamentalmente aprender y crecer sobre él.

La cultura del error pretende ser complementaria a la cultura del aprendizaje. Aprender asume el error como hito del camino hacia el hacer. Entender el error es fundamental para crear y crecer en el futuro. Nadie crece sin aceptar el error, pero solo esta aceptación no te genera todo el valor de dicho error, si no construimos aprendizaje alrededor de dicho error[16].

Una topología del error como hito organizacional:

Tabla 5.3 Topología de la cultura del error

Primero	Aceptar el error
Segundo	Gestión emocional del error: hacer un relato
Tercero	Mentalidad de «remontar» el error
Cuarto	Habitar el error
Quinto	Aprender del error
Sexto	Crecer tras el error

Aceptar el error implica no solo hacerlo racionalmente, sino también emocionalmente, para eso es muy importante hablar y asumir tu parte de impericia en dicho error.

Esta gestión emocional necesita de su elaboración mental y crear un relato del error para verbalizarlo y compartirlo. El relato te permite trabajarlo emocionalmente, nadie puede crecer desde el error sin tener un discurso autoaceptado. Tras este relato, tenemos que cimentar la mentalidad de superación, hemos cometido un error, pero no se va a repetir. Y para no repetirlo hay que analizar y estudiar el error y su contexto, a veces, por nuestro ego evitamos analizar dicho error, ¡y eso sí que es un error! El error hay que habitarlo, meternos dentro de él, y hacer un análisis profundo, pero sin generar una tesis doctoral. Tras habitarlo debemos sacar aquellas lecciones que no serán útiles en futuras ocasiones que se pueda cometer dicho error, estas guías mentales que nos ayuden a prevenir, resolver y recordar las soluciones a dichos errores. Y, por último, tenemos que asumir nuestro crecimiento profesional y personal que supone saber resolver un error que hemos cometido. Crecer por nuestras competencias, conocimientos y actitudes frente a dicho error que históricamente hemos cometido.

La cultura del error nos posibilita:

- Evitar buscar culpables del error, sino plantear soluciones en el aprendizaje de dicho error.
- Tener una nueva oportunidad en el mercado de quedar como buen profesional al asumir el error y aprender de él.
- Crear un clima de aceptación del error y no de su ocultación.
- Plantear que el error es no aprender del error.

Este elemento de demostración nos lleva a un líder que sabe cuestionar a la realidad[17].

Leonardo da Vinci tiene una frase que siempre me ha resonado cuando se habla de pensamiento crítico y que seguro que se decía en mi austera Castilla. Decía: «Debes obrar como el pobre que llega al final de la feria y no puede encontrar otra forma de proveerse a sí mismo, más que tomando todas las cosas que ya han visto otros compradores, y han sido rechazados por su menor valor».

Con esta frase hacemos hincapié en la importancia de no buscar soluciones mágicas en el liderazgo, sino más bien una estrategia de aprovechamiento de tu capacidad por cuestionarte la realidad que te toca vivir.

EL LÍDER QUE SABE CUESTIONAR LA REALIDAD

Características

- Saber dudar
- Saber argumentar
- Saber ser ecuánime
- Saber cambiar de opinión

Vías de desarrollo del pensamiento crítico

- Equipos directivos diversos
- Diálogos con homólogos
- Consejo de *coaching*
- Business case
- Experiencia del cliente
- Experiencia de empleado

Cultura del error

- Aceptar el error
- Gestión emocional del error. Hacer su relato
- Mentalidad de superación
- Habitar el error
- Aprende del error
- Crecer tras el error

6

SENSACIONES. EL LÍDER QUE TIENE INTELIGENCIA EMOCIONAL

Leonardo da Vinci se adelantó a las investigaciones neuropsicológicas que hace unos años expuso el neuropsicólogo Antonio Damasio en 1994 en su famoso libro *El error de Descartes*[1]. Según este autor, y nuestro genio Leonardo, la emoción y la razón son partes del mismo sistema interpretativo de la realidad y su actuación conjunta participan en todas las formas de decisiones. El elemento leonardino *sensazione* nos plantea que no hay un elemento en la razón que no haya pasado por la emoción, sino que la racionalidad y la emocionalidad están engranados en nuestra forma de pensar.

Agudizar los sentidos para tener una mejor forma de pensar, nos lleva a percibir todos los elementos emocionales que conjuga tu forma de pensar ¿Inteligencia emocional o emociones inteligentes? No se pueden separar no hay emoción si una parte de raciocinio, e igualmente, no hay raciocinio sin una parte de emoción.

En los años noventa se popularizó el término inteligencia emocional a partir de un libro de Daniel Goleman[2]. Todavía me acuerdo de que, en 1996, cuando presenté a Daniel Goleman en una conferencia en Madrid, la mayoría de los asistentes me decían que no era nada nuevo lo que nos aportaba este autor estadounidense, pero, yo lo viví como una llamada de atención a los líderes al introducir lo emocional en el concepto de inteligencia poniendo en solfa las formas de liderazgo preexistentes entonces. Ser líder y ser emocional parecían en aquellas épocas incompatibles. El líder iba a la empresa ya llorado. De aquí la importancia del concepto de inteligencia emocional en el momento propicio y adecuado para la eclosión social de la desazón de los empleados con la empresa, que había en aquel momento. Y de aquel concepto llegamos al momento actual donde el bienestar de los empleados es la variable clave del compromiso con la empresa. Hoy día, aún más, el líder tiene que ser emocional.

La evolución del líder que empieza a entender que las emociones son fundamentales pasa por un claro recorrido de aprendizaje que llamamos el trayecto de la inteligencia emocional.

Gráfico 6.1 Trayecto de la inteligencia emocional.

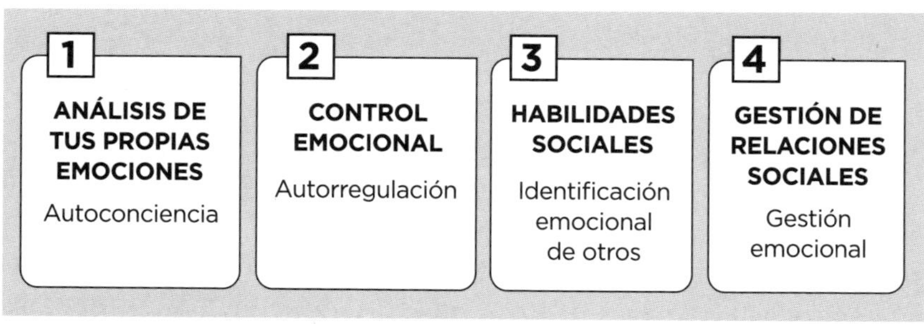

La inteligencia emocional empieza en uno mismo. Saber reconocer y expresar tus propias emociones y aprender a controlarlas por ti mismo. Nadie puede liderar con inteligencia emocional sin tener un autoconocimiento y autogestión de su propia emocionalidad. Y el paso siguiente es identificar las emociones ajenas, comprendiéndolas y aceptándolas para poder gestionar las relaciones sociales con una perspectiva de inteligencia emocional[3].

1. Cómo liderar desde la inteligencia emocional

Daniel Goleman nos ha hablado en multitud de libros y artículos de los cuatro tipos de inteligencia emocional, aunque mi planteamiento diferencial es que en el liderazgo hay un proceso paralelo (con retroalimentación) entre el conocimiento emocional interno y la gestión social externa de las personas.

Gráfico 6.2 Proceso del líder con inteligencia emocional

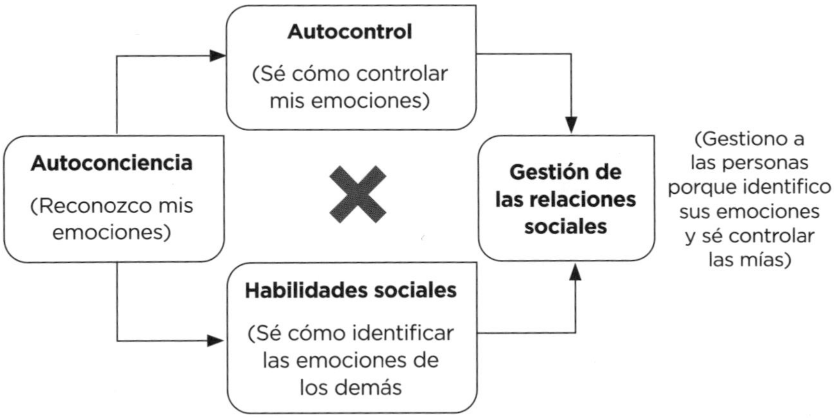

No se puede gestionar un equipo y tener un entorno social si no sabemos cómo controlar nuestras emociones y tampoco si no sabemos identificar las emociones de los demás. Son necesarios ambos procesos paralelos e interconectados, porque no podemos ser una persona con conciencia y control de nuestras propias emociones sin comprender las emociones de los demás y viceversa.

Por tanto, el conocerte a ti mismo emocional es el primer ejercicio que tiene que hacer una persona que quiera ser líder. Y actualmente se trabaja mucho el concepto del propósito. El propósito personal, en su faceta profesional, requiere de un análisis sincero de tus capacidades, pero también de tus emociones[5]. Tener un propósito sin este autoanálisis es temerario e irreal Pero lo emocional tiene una enorme carga de inconsciencia y atavismo, por tanto, su análisis debe comenzar con un claro ejercicio de introspección para tener una autoconciencia adecuada.

La primera parte del líder con inteligencia emocional parte de un alto nivel de autoconocimiento sistémico de todas sus capacidades: conocimientos, aptitudes, actitudes y emociones.

Gráfico 6.3 Visión de un autoconocimiento sistémico de un líder

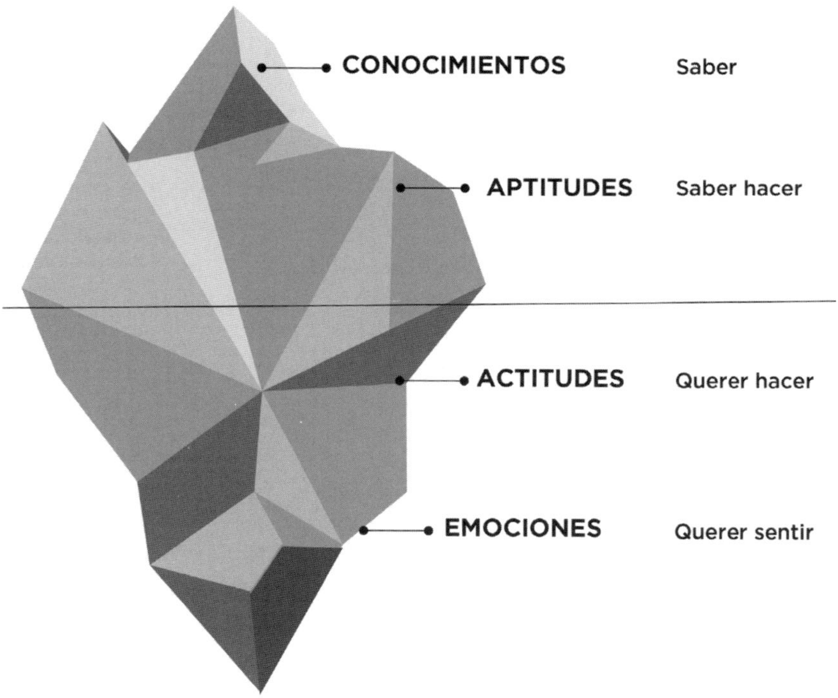

Sin la capa de las emociones no nos conocemos verdaderamente y no identificamos nuestro verdadero propósito, por eso es muy conveniente hacer consciente nuestras emociones.

Como *coach* ejecutivo suele realizar un ejercicio para reconocer las emociones propias y generar un alto nivel de reconocimiento. Lo llamo panel personal emocional (se puede aplicar al día, a la semana, al mes, al año...)[6]:

Tabla 6.1 Panel personal emocional

<table>
<tr><td colspan="2"></td><th colspan="6">EMOCIONES</th></tr>
<tr><td colspan="2"></td><th>Tristeza</th><th>Alegría</th><th>Sorpresa</th><th>Asco</th><th>Miedo</th><th>Ira</th></tr>
<tr><th rowspan="4">CATEGORÍAS</th><td>Acontecimiento</td><td></td><td></td><td></td><td></td><td></td><td></td></tr>
<tr><td>Dato (hecho)</td><td></td><td></td><td></td><td></td><td></td><td></td></tr>
<tr><td>Personaje</td><td></td><td></td><td></td><td></td><td></td><td></td></tr>
<tr><td>Temática social</td><td></td><td></td><td></td><td></td><td></td><td></td></tr>
<tr><td colspan="2">En cada cuadro hay que poner el contenido y contestar →</td><td colspan="6">1. ¿Por qué?
2. Y si solo puedes elegir una categoría por cada emoción, ¿cuál elegirías?
(Acontecimiento, dato, personaje, temática social)</td></tr>
</table>

Con este panel y otras herramientas de *coaching* debemos posibilitar que cada líder conozca sus sentimientos. ¿Y cómo puede autocontrolarse? Los sistemas de autocontrol son muy específicos de cada persona, pero podemos incidir en tres técnicas[7]:

- Técnica de control de impulsos.
- Técnica de control de sentimientos.
- Técnica de control de comunicación no verbal.

El control de impulsos se caracteriza por identificar situaciones donde nos dejamos llevar por las emociones sin dar tiempo a la mente racional a actuar y que podemos sistematizar en estas categorías.

- Decir cosas sin pensar. Rapidez de respuesta. Técnica tres respiraciones largas antes de actuar.
- Reacción exagerada cuando uno está molesto. Técnica de visualización creativa (pensar en algo positivo cuando estás molesto).
- Desidia a hacer las cosas por estar molesto. Técnica de la excelencia en el enfado (el reto de ser bueno, aunque estés molesto).

Con estas técnicas desarrolladas por la psicología podemos controlar el impulso. En relación con el control de los sentimientos se debe poner foco en:

- No responder bien a la crítica. Técnica de convertir la crítica en tu aliado para crecer. Me impulsa porque la voy a superar.
- Frustrarse fácilmente. Técnica de análisis de la frustración como un relato en tercera persona.

Y, en tercer lugar, tenemos las técnicas del control de la comunicación no verbal, que es muy expositiva de tu control emocional.

- Levantarse e interrumpir. Técnica del espejo (ir a verte a un espejo cuando tienes una emoción).
- Gesticular ostensible para mostrar una emoción. Técnica de los emoticonos. No querer ser un emoticono.

Con estas técnicas, los líderes pueden autocontrolar sus emociones (impulsos, sentimientos y lenguaje no verbal) y les permite poder desarrollar una gestión emocional de sus equipos. A esta autoconsciencia y autocontrol hay que añadir el conocimiento de las emociones de los demás, lo que se denomina tener habilidades sociales. Estas habilidades sociales se pueden categorizar[8]:

Gráfico 6.4 Habilidades sociales

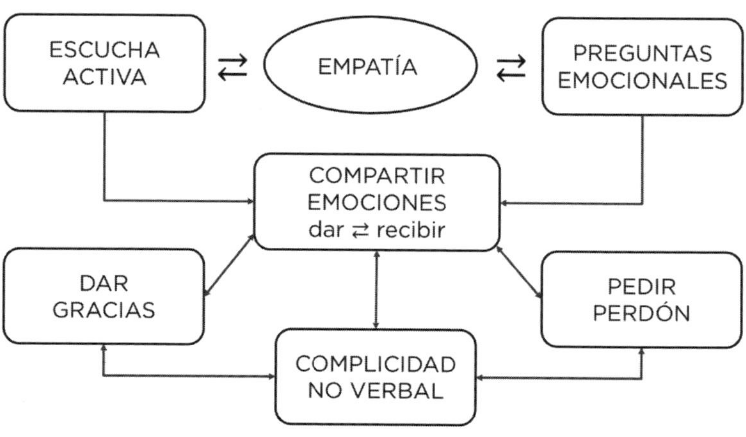

Para reconocer las emociones de los demás hay que utilizar herramientas empáticas, pero la empatía necesita dos claves interpretativas: saber conversar con escucha activa y saber hacer preguntas en el ámbito emocional. Con estas variables, escuchar más que hablar, ponerse en sus zapatos, y hacer preguntas abiertas que posibiliten la expresividad emocional; no se puede conocer las emociones de los demás sin compartir las tuyas con él. El mecanismo de dar y recibir emociones es el proceso básico para identificar y reconocer las emociones de los demás. Pero siempre con tres herramientas de compresión emocional: agradecer la confianza, pedir perdón por una manifestación inadecuada al preguntar o al responder y mostrar no verbalmente una gesticulación que se entienda como cómplice. Estas habilidades sociales hay que entrenarlas, máxime cuando provenimos de una educación centrada en los contenidos y muy poco en el desarrollo de habilidades de crecimiento personal.

Y, por último, la gestión de las relaciones sociales. Un líder que ha trabajado sus emociones y ha entrenado sus habilidades sociales puede gestionar sus equipos con inteligencia emocional. La gestión de la emoción del equipo debe basarse en:

- Crear un clima apropiado para compartir emociones. Empezando por el propio líder que exponga sus emociones en el aquí y ahora.
- Tener tiempo de escucha y verbalización de emociones. Generar espacios y tiempos que permitan al equipo expresarse.
- Crear sistemas de comunicación de emociones entre el equipo para circular información que compacta al propio equipo.
- Compartir actividades extrarrol en entornos informales para generar confianza[9].

Como decía Leonardo da Vinci: «Haz que tu trabajo se ajuste a tu propósito»[10] y sin duda es básico para reconocer tu propósito poder identificar las emociones, controlarlas y gestionar también las emociones de tus equipos de trabajo desde una profunda compresión de las mismas.

2. Cómo se desarrolla la inteligencia emocional

La inteligencia emocional, como cualquier destreza humana, se debe entrenar para poder obtener un rendimiento óptimo. Muchas veces en las funciones del líder nos encadenamos a los presupuestos económicos, a la cuenta de resultados, a los cuadros de mandos, a los datos económicos, etc. Y olvidamos ejercitar cada día nuestra comprensión, comunicación, gestión de emociones. ¿Cómo se entrenan estas habilidades? Aquí tenéis un modelo extraído de las investigaciones de los psicólogos del trabajo[11].

Tabla 6.2 Cuadro de entrenamiento de emociones de los líderes

	Comprensión emocional	**Comunicación emocional**	**Gestión emocional**
Autoconocimiento	• Autorregulación de la conducta por las emociones • Autoconocimiento de las emociones ante nuevas situaciones	• Expresión verbal de las emociones • Expresión no verbal (corporal) de las emociones	• Gestión de tus emociones en situaciones extremas • Gestión de las emociones por ataque de otras personas
Conocimiento de otros	• Analizar respuestas emocionales de otras personas • Analizar respuestas de las personas ante nuevos acontecimientos	• Interrelacionar emociones con nuevas personas • Interrelación de la misma persona en otra situación	• Gestión emocional en situación de crisis • Gestión emocional en éxitos empresariales

Observar y aprender en estos ámbitos es lo que sirve para entrenar la inteligencia emocional del líder con la siguiente guía de trabajo:

- Identifica la emoción que hay detrás de cada conducta.
- Crece en tu lenguaje emocional.
- Identifica las interrelaciones entre las emociones: la alegría de la tristeza o la tristeza de la alegría.
- Evita utilizar una evaluación racional en un sentimiento.
- Reconocer en tus gestos, tus emociones.
- Aprender a gestionar el silencio comunicacional para permitir que afloren sentimientos.
- Haz un registro emocional.
- Desarrolla la asertividad a la hora de expresar tus emociones[12].

El líder que tiene inteligencia emocional suele contar con una vida plena e intensa de experiencias, donde existen fracasos, inadecuaciones, y éxitos. Por tanto, no se trata de un conocimiento técnico, sino eminentemente práctico donde podemos probar por ensayo y error la multitud de probabilidades para conseguir nuestro propósito. Es un ejercicio de calibración de la comprensión, comunicación y gestión donde la experiencia, juega un gran papel el aprendizaje informal que está muy asociado al desarrollo de la inteligencia emocional.

El desarrollo de la inteligencia emocional pasa por:

- Variedad, diversidad de experiencias empresariales. No encerrarse solo en lo que se domina.
- Exposición a situaciones de riesgos emocionales. Presentaciones imprevistas, conflictos inesperados, comparaciones hirientes, etc.
- Conversar e interactuar con personas diferente puesto en la empresa. género, generación, cultura, con diversidad funcional, etc.
- Participar en iniciativas de voluntariado corporativo y de acción social que nos posibiliten una compresión de otros colectivos que enriquece tu percepción social.
- Involucrarse en decisiones de personas dentro de la empresa y no dejárselo solo al Departamento de Recursos Humanos. No debemos dejar de intervenir en problemática de experiencia empleado que enriquece nuestra inteligencia emocional[13].

Y Leonardo da Vinci apostaba por esta emocionalidad inteligente cuando decía: «Uno no tiene derecho a amar y odiar algo si no ha adquirido un conocimiento profundo de su naturaleza. El gran amor surge del gran conocimiento del objeto amado, y si lo conoces muy poco podrás amarlo solo un poco o nada»[14]. Conocer lo emocional te permite amarlo mejor. El líder que desarrolla la inteligencia emocional el primer beneficiario es él mismo y su autocomprensión de sus emociones.

3. Valor de lo emocional. Cultura humanista

Cuando una organización da un enorme valor a lo emocional nos encontramos con una apuesta clara hacia el humanismo en su cultura. La cultura humanista es un gran enganche motivacional para trabajar en un mundo que ha cambiado su cultura de trabajo como ya hemos visto. Por eso, un liderazgo con inteligencia emocional debe apostar por una cultura humanista. En un mundo envuelto en el tsunami tecnológico de la IA e irremediablemente condenado a convivir con una creciente robotización debemos remarcar el acento humanista. Los modelos de cultura humanista en entornos tecnológicos deben tener en cuenta[15]:

- El valor de las *soft-skills* en el futuro de los profesionales. *Soft skills* que están asociadas a la involucración de las personas en las empresas, por tanto, una cultura más humana posibilita que personas con estas *soft skills* quieran trabajar en esa empresa.
- El conocimiento de humanidades en el porfolio de conocimientos de las empresas. Como dice Scott Hartley el pensamiento *fuzzi* de las disciplinas humanistas se complementan adecuadamente con el pensamiento *tech* de los discursos de las disciplinas más científicas[16]. Y esta persona que proviene de academia humanística necesita una cultura más humanista para sentirse identificado con la empresa.
- Que la diversidad de la empresa es muy importante para entender los entornos tan inciertos como los actuales. Y para tener talento diverso necesitamos una cultura centrada en la persona en

sí misma y no en su rendimiento. Lo diverso se entiende mejor desde una cultura humanista que desde una visión en la que la persona solo se mide por los resultados.

- Que la vida plena y el equilibrio personal, familiar y profesional de los empleados es cada vez más productivo. El bienestar se está convirtiendo en la clave interpretativa del compromiso del empleado y esto se entiende mejor en los ecosistemas empresariales que despliegan una cultura humanista.
- Que el propósito de la persona, el crecimiento personal y el sentido de pertenencia a una comunidad que tenga relaciones de valor se potencia más en una cultura centrada en las personas.
- Que la nueva cultura del trabajo, donde los límites entre el trabajo y ocio son cada vez más líquidos, necesitamos una empresa que comprenda las necesidades humanas, y aquí está esta visión de la cultura humanista que pone a la persona como fin y no como un medio.
- Y, por último, que conseguir que en el trabajo esté alineado el propósito de la persona con el propósito de la empresa, se obtiene mejor cuando lo humano tiene un valor cultural. La relación personal en el trabajo es más propicia en una cultura humanista[17].

Leonardo da Vinci es el primer humanista que sabe que su mirada más humana es la más útil. Una cultura humanista no está reñida con la productividad y la ambición de los negocios, eso sí, poniendo en primer lugar a las personas que componen dicha empresa y una visión humana de los clientes y de la sociedad[18]. Como decía Da Vinci:

«Nunca me canso de ser útil».

EL LÍDER CON INTELIGENCIA EMOCIONAL

Características

- Autoconsciente de sus emociones
- Autorregulación de sus emociones
- Habilidades sociales para comprender las emociones ajenas
- Gestor de emociones en las relaciones sociales

Técnicas de control emocional

- Control de impulsos
- Control de sentimientos
- Control de comunicación no verbal

Como se desarrolla la inteligencia emocional

- Comprensión emocional
- Comunicación emocional
- Gestión emocional

Cultura humanística

- *Soft skills*
- Diversidad
- Propósito y crecimiento de los empleados

7

SFUMATO: EL LÍDER RESILIENTE

Saber gestionar dentro de las modalidades grises y marrones de la realidad es lo habitual en momentos de enorme caos como los actuales. No hay situaciones blancas o negras, hay desde los blancos oscuros a los negros claros una enorme gama de soluciones intermedias. Tras la pandemia se estableció una mentalidad más incomprensible hacia una realidad de enormes grises, añadiéndole una sensación de fragilidad y con una enorme ansiedad como bien dice James Cascio[1]. Pero en general, hemos pasado de una incertidumbre donde había algunas certezas a un mundo donde todo es incerteza. Esta situación la he denominado incertidumbre cuántica, donde solo es seguro que todo es incierto y, por tanto, una misma realidad puede ser a la vez una certeza y una incerteza (de aquí el término cuántico). Luego, solo podemos trabajar con hipótesis de certeza y elaborando heurísticas de la realidad. Ante esta situación necesitamos empresa y líderes resilientes.

El concepto de resiliencia que surge al descubrir un fenómeno físico como es la capacidad de un material para adquirir su forma inicial después de someterse a una presión que lo deforme, se ha aplicado al mundo de la psicología. La persona (líder) resiliente es aquella persona que tiene la capacidad de sobreponerse a las adversidades a pesar de tener un entorno negativo. Son antifrágil y de enorme flexibilidad para aceptar los golpes y no hundirse. El líder resiliente tiene que trabajarse en seis áreas comportamentales, fundamentalmente[2].

Gráfico 7.1 Líder resiliente

Con este modelo tenemos que entrenar a nuestros líderes que deben entender que el contexto condiciona las respuestas, pero no la voluntad. El ser resiliente te crea anticuerpos antifrágiles que momentáneamente pueden generar impacto, pero no incide en el propósito final del líder.

Decía Leonardo da Vinci que «hay que ser tolerante con la ambigüedad». Y su recurso técnico era el *sfumato* que era la técnica pictórica que utilizaba la difuminación de los contornos para crear una atmósfera de ambigüedad en sus pinturas. Con este término, el pintor integraba los objetos con la naturaleza que le rodeaba haciendo una imagen evocadora por ser parte de la propia naturaleza. Sin duda, la ambigüedad era un estado propicio para un genio, porque necesitaba de la fortaleza de aceptar la ambigüedad (actitud resiliente) y potenciar las habilidades de imaginación para superar esta incertidumbre (acción resiliente)[3]. En fin, trabajar en la ambigüedad como si no buscásemos la certeza, sino encontrándonos con ella queriendo y viviendo un mundo incierto.

1. El líder que ese enfrenta a lo incierto

En el modelo de líder resiliente basado en un alto nivel de autoeficacia, automotivación, coraje y propósito tiene que desarrollar seis áreas comportamentales. Su mayor o menor dominio determinaba su nivel de resiliencia como directivo[4]:

- **Asertividad.** Ser asertivo es un canto al realismo de lo que sí se puede hacer y lo que no se puede hacer. Supone aceptar que hay muchas situaciones que lo mejor es decir no. Y aquel líder que no sabe dejar pasar ciertas batallas y por afán de conseguir mayores resultados se mete en multitud de decisiones, que implican escasas posibilidades de éxito. Ser asertivo ayuda a tener la seguridad psicológica para sobrevivir en condiciones de incertidumbre. No dejarse llevar por lo que dice la mayoría, las redes sociales y lo políticamente correcto permite tener mayor capacidad de resiliencia. Saber decir no para aceptar lo negativo que te rodea[5].
- **Positivismo.** El planteamiento vital de que todo es susceptible de mejorar diferencia a un líder resiliente. Seguro que también puede empeorar, pero visualizar siempre la visión positiva en primer lugar, posibilita una aquiescencia emocional motivadora. Como hemos indicado, este positivismo debe inscribirse en el optimalismo (optimismo inteligente y práctico) para no caer en una distorsión que nos aleje de la realidad. Ser positivo genera una forma de encarar la incertidumbre con foco en la acción, porque siempre pensamos que puede mejorar en el futuro inmediato[6].

- **Contextualismo.** Toda decisión y situación está limitada a un contexto. Y, por tanto, tenemos que relativizar sus efectos porque siempre existe una temporalidad en su frecuencia. Tener una visión de contexto nos lleva a aceptar temporalmente situaciones inadecuadas pensando en su limitación en el tiempo. El concepto ruido de Daniel Kahneman y colaboradores es claro espejo de este modelo de contextualizar. El ruido de ocasión que refleja que existen las variaciones en nuestras decisiones dependiendo del contexto o momento que las tomamos. El concepto *momentuum* es básico para un líder resiliente. Piensa que vivir el momento facilita el cambio personal, por tanto, debemos considerar la influencia del momento en tu ejercicio de liderazgo. El líder está mediatizado por el contexto[7].

> La asertividad que nos guía a tener seguridad psicológica en nuestras capacidades, la ilusión de apostar por una visión positiva del futuro y la relativización de tu situación por el momento que vives son los tres elementos de una actitud resiliente. Sobre la cual tenemos que edificar la acción resiliente.

- **Creatividad.** Frente a la incertidumbre tenemos que intentar cosas novedosas para no ser predecible y caer en las respuestas habituales. No sabes si lo pensado creativamente es una solución adecuada, pero el resiliente lo intenta. El esfuerzo y la psicología del intento creativo empodera al líder a obtener una tranquilidad mental de probar soluciones diferentes y distintas. Asociar la resiliencia a la creatividad de las soluciones hace tener ilusión en conseguir resolver la incertidumbre a través de la originalidad en tus propuestas. Ser creativo, planteando y haciendo propuestas innovadoras es un enorme ejercicio de resiliencia[8].

- **Proactividad.** Y no solo haciendo propuestas creativas, sino intentando diferentes opciones frente a la incertidumbre cuántica. Salir a buscar soluciones antes de desanimarte porque la incertidumbre devora tus soluciones habituales. Ser proactivo es una buena vacuna para mostrar resiliencia. No hay que pensar en el resignado como resiliente, sino en el que sabiendo la dificultad de las soluciones sale constantemente a buscarlas. La proactividad en sí mismo es el mejor antídoto para demostrar que eres resiliente.

- **Doble visión.** A corto y medio plazo. Esta visión binocular es mágica para conseguir ser realista con los inconvenientes a corto plazo, pero no dejar de confiar y soñar en las posibles ventajas a medio plazo. Conjugar ambas visiones te dota de una enorme fuerza como líder resiliente. No ocultar las dificultades, pero sin caer en la inacción por tener la ilusión en el futuro. Aceptar la realidad, pero dejando espacio al sueño del medio plazo.

Desarrollar respuestas creativas y diversas con una actividad proactiva y sin dejar de considerar una visión a corto y medio plazo deben configurar nuestra acción resiliente. No vale solo tener actitud resiliente sino también expresar en tus conductas diversas acciones que generen resiliencia.

Leonardo da Vinci nos legó esta bonita frase en sus códices: «Después de haber recorrido una distancia entre rocas sombrías, llegue a la entrada de una gran caverna. Dos emociones encontradas surgieron en mí: miedo y deseo. Miedo a la amenazante caverna y deseo de ver si había cosas maravillosas en ella». Miedo y deseo frente a la incertidumbre, es un dilema para cualquier directivo, el líder resiliente siempre habita más el deseo que el miedo, lo cual no significa que no haya miedo sino que se suple con el enorme deseo de saber[9].

2. Cómo se desarrolla la resiliencia

Para ser un líder resiliente hace falta aprender mucho de la experiencia. Recordemos cómo Leonardo da Vinci decía que la experiencia no se equivoca, sino que eran tus juicios sobre dicha experiencia. Por eso es muy importante trabajar los juicios o las hipótesis que desarrollas como profesional sobre tu experiencia. Y para desarrollar la capacidad de resiliencia tenemos que apelar a las investigaciones de la psicología social de la teoría de la atribución que se inició en los años cincuenta del siglo XX por Fritz Heider[10].

El proceso atributivo explica el comportamiento y los acontecimientos a través de la atribución a causas internas (destrezas y deficiencias propias) o causas externas (suerte y terceras personas). Todos atribuyen rápidamente la explicación de un hecho a uno de los dos focos. Cuando lo más habitual es una combinación de ambos orígenes explicativos. No todo se debe al entorno y tampoco a nuestra conducta[11].

Fritz Heider puso encima de la mesa la relación de dicha atribución a la autoestima. La atribución interna (tengo yo la culpa) incide negativamente en la autoestima, si se atribuye externamente (otros o el azar tiene la culpa) es neutra para la autoestima. Luego cuando llevamos cargado el depósito de la autoestima y además con nuestra historia personal de atribución nos condiciona donde ubicamos la explicación de una desgracia y un éxito. Este autor denominó *locus* interno o *locus* externo a la ubicación interna (tengo yo la culpa) o externa (la culpa la tienes otros o el azar) de la explicación de una conducta.

Todas las investigaciones posteriores de la psicología social del trabajo señalan estas características:

- **Estabilidad de la incertidumbre.** El tiempo y persistencia implica un elemento que incide en la resiliencia. No es lo mismo días, que meses o años.
- **Controlabilidad de la incertidumbre.** Si la capacidad de actuación personal es limitada o no influye en la resiliencia o influye en grado máximo.
- **Distintividad de la incertidumbre.** Si una persona tiene más incertidumbre que otras influye más en cómo debe actuar. Si todos estamos en el mismo nivel de incertidumbre o tenemos diferencias personales en el contexto incierto. El sentirse único incide en una menor resiliencia.
- **Consenso de la incertidumbre.** Si todo el mundo opina igual sobre lo inevitable de lo incierto tengo más capacidad de ser resiliente.
- **Consistencia de la incertidumbre.** Si esta situación tiene una fuerte implantación en el tiempo y muchas personas opinan que no se pueden cambiar, es menor el nivel de resiliencia.

Esta atribución debe analizarse desde la perspectiva de los sesgos cognitivos, y en los años ochenta, el psicólogo Edward E. Jones que corroboró el sesgo de la sobreatribución (como se conoce el error fundamental de la atribución)[12]. Sobreatribuir significa pesar más la acción de las personas que hacen una cosa que los factores externos que incide en su desarrollo. Este sesgo de naturaleza evolutiva nos permite sobrevivir desconfiando de las personas extrañas más que haciendo un balance justo de la situación para explicar una conducta ajena.

Esta teoría de atribución es muy interesante para desarrollar la resiliencia. En un modelo que hemos trabajado en procesos de intervención con equipos de trabajo hemos puesto foco en tres ámbitos de desarrollo personal para crear equipos más resilientes[13]:

- **Proceso equilibrado de la información.** Partiendo de que cualquier situación tiene una explicación doble: *locus* interno (como lo vivimos según nuestras características personales) y *locus* externo (variables de contexto de la situación). Ser resiliente empieza por un juicio equilibrado de la situación teniendo en cuenta nuestro balance personal (*self awareness*) pero también evaluando adecuadamente las variables del contexto que nos influye. Contrastar socialmente las opiniones.
- **Balance equilibrado de las acciones posibles.** Como la situación tiene dos fuentes: lo que yo soy y lo que el contexto da, es muy importante pensar que tu percepción, emoción, cognición, comunicación y acción deben adecuarse entre sí. La resiliencia es activa y no pasiva y saliendo a buscar soluciones, intentándolas y siendo más creativo puede solucionar la situación, ¡o no! Pero si no lo intentas el primer perjudicado eres tú por tu inacción.
- **Evaluación equilibrada de las acciones ejercidas.** Seguro que en un entorno de incertidumbre en muchas situaciones no salen bien la acción, pero no nos debe importar porque en la acción está nuestro aprendizaje. Pero tenemos que basarnos en una evaluación bondadosa por la dificultad y no caer en la culpabilidad y entrar en un estado de desidia porque pienso que no se puede hacer nada más.

Formar en tener un equilibrio de información, pensar en hacer y hacer sin caer en evaluaciones severas permite desarrollar al líder resiliente. El desarrollo del líder resiliente tiene el siguiente esquema:

Gráfico 7.2 Modelo de desarrollo del líder resiliente

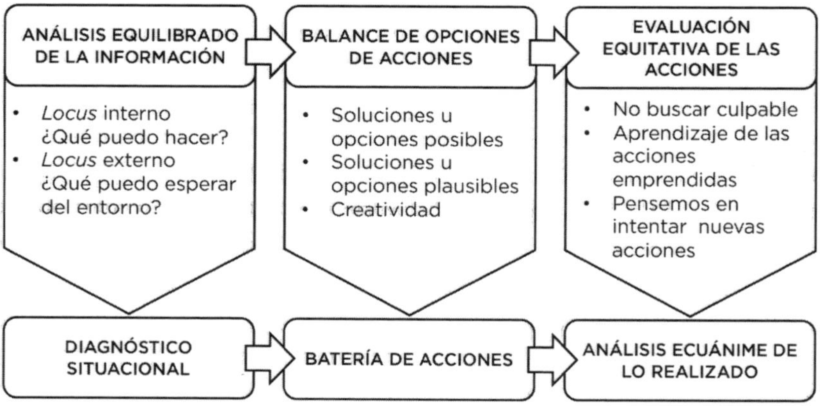

El líder resiliente, como expresaba Leonardo da Vinci, debe aprender de la naturaleza: «En los ríos, el agua que tocas es la última de la que ya ha pasado y la primera de la que viene, igual que el presente». Este pensamiento relativo está en la base de líder resiliente, que frente a la incertidumbre opta por la mesura y la templanza, y no deja de intentar hacer acciones para encontrar certidumbres[14].

3. Valor de gestión del cambio continuo. Cultura del cambio

El líder resiliente solo entiende su actitud vital a través de la transformación como principio de actuación. En este sentido, la cultura del cambio debe ser no una consecuencia, sino un principio en la empresa. Solo aquellas empresas que visualizan al cambio como una constante pueden abordar el momento actual. En un entorno de incertidumbre cuántica solo podemos ser receptivos a él si lo buscamos proactivamente.

Hay multitud de libros sobre la cultura del cambio, pero en mi actividad profesional siempre me ha funcionado un modelo muy sencillo de cultura de cambio. Este modelo vuelve a estar basado en lo leonardino:

- Todo cambio empieza en los sentidos. Es decir, en apreciar la realidad de forma diferente.

- Todo cambio se expresa en el esbozo. Es decir, hay que dibujar las soluciones dejando libertad a nuestra imaginación (creatividad).
- Todo cambio profundiza en lo novedoso de nuestras soluciones. Es decir, materializa lo creativo en acciones medibles.

Con esa visión, es muy útil crear una cultura de escucha activa de la realidad para encauzar el cambio. El cambio empieza en la omnicomprensión de una realidad. Porque para abrirse a la imaginación y para crear un enorme porfolio de soluciones y debemos dar soluciones más disruptivas a la realidad. El cambio no se trata de actuar frente al entorno sino de analizarlo, detallarlo y proponer soluciones a la incertidumbre desde la imaginación. Gráficamente lo podemos expresar así:

Gráfico 7.3 Esquema de una cultura de cambio

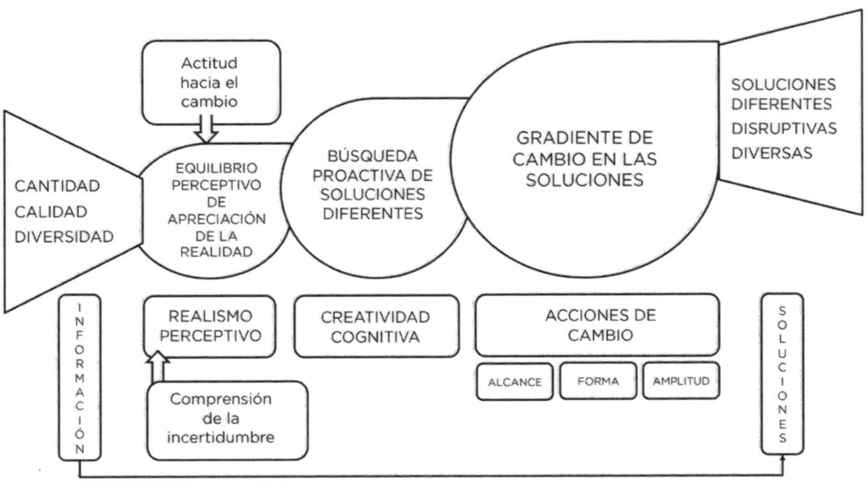

El realismo perceptivo, la creatividad en las opciones de soluciones y la introducción en cualquier opción de un gradiente de cambio, que a veces no es solo en el contenido, sino que dicha creatividad está en su alcance (en su forma o en su amplitud) nos determina una cultura de cambio en una empresa[15].

EL LÍDER RESILIENTE

Características

- Actitud resiliente
    - Asertividad
    - Positivismo
    - Contextos
- Acción resiliente
    - Creatividad
    - Proactividad
    - Doble visión: corto y medio plazo

Cómo se desarrolla la resiliencia

- Proceso equilibrado de la información
- Balance equilibrado de las acciones posibles
- Evaluación equilibrada de las acciones ejercidas

Cultura de cambio

- Realismo perceptivo
- Creatividad cognitiva
- Acciones de cambio

8

ARTE Y CIENCIA. EL LÍDER QUE ES CREATIVO

En un mundo atosigado de datos, informaciones y conocimientos depositados en la IA es cuando más necesitamos de un espíritu artístico. Pero entendiendo el arte, como Leonardo da Vinci nos indica en su multitud de anotaciones en los códices, que es la aplicación de la imaginación a los datos. Tan importantes son los datos que nos aporta la naturaleza como la imaginación que puedo aplicar a estos datos para darle una consideración de arte. La famosa sonrisa de la *Gioconda* se basa en la multitud de observaciones de gestos y sonrisas de personajes cotidianos, no olvidemos que Leonardo da Vinci era capaz de perseguir una persona en la calle para grabar mentalmente su sonrisa y luego la reproducía en sus anotaciones, y así pudo crear el modelo de sonrisa que reflejó en la *Gioconda*[1]. El poder de transformación de la imaginación aplicado a la exhaustividad observacional aplicada a la realidad. No se crea de la nada, pero se incrementa el valor añadido a través de la imaginación.

1. El líder que trabaja con datos y con imaginación

El líder creativo no es una persona aislada de la realidad, ensimismada en sus capacidades, es ante todo un observador continuo y un incansable transformador de la realidad, y por eso necesita una enorme pasión de crear cosas útiles para cambiar la realidad. Y Leonardo da Vinci nos aporta los siguientes conceptos asociados a un proceso creativo[2]:

- ***Approfondire.*** Profundizar sin miedo en lo que percibimos. No quedarnos en la superficie. Lo creativo surge de la mezcla mágica de lo observado con nuestra experiencia personal.
- ***Probare.*** Como si Leonardo da Vinci hubiese inventado la metodología *agile* hace hincapié en la rapidez de probar cosas y soluciones para rápidamente descartar y soltar la imaginación. La imaginación surge de probar soluciones con una actitud perseverante para dar con lo creativo como diferencial.
- ***Adattamento.*** Tener claro lo que queremos conseguir. Conocer la finalidad de los objetivos, pero adaptándonos a las diferentes situaciones y opiniones de los demás. El objetivo sirve de faro de tus decisiones diarias pero son los acontecimientos los que inciden en su realización, y nos llevan a soluciones útiles antes que las deseadas.
- **Perspectiva.** Tomar perspectiva de la realidad para que lo inmediato no nos obnubile a la hora de tomar decisiones en función del objetivo marcado y no de las necesidades actuales. Buscar lo simple en la solución prevaleciendo el para qué al por qué.
- ***Rigore ostinate.*** Perseverancia continua para conseguir no desanimarnos por los fracasos previos al éxito.
- ***Azione.*** Hacer, el fin de la imaginación no está en saber sino en hacer, en tener diseños que nos permitan crear una nueva realidad.

El líder creativo necesita apoyarse en los datos para crear arte:

Gráfico 8.1 Proceso para ser un líder creativo

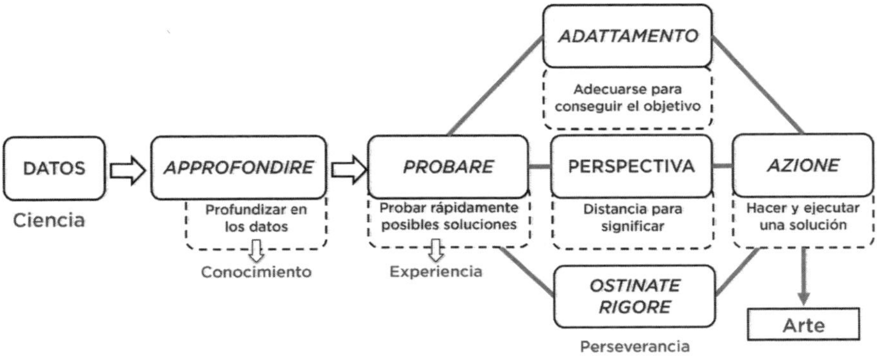

Este proceso tiene varios trayectos para:

Tabla 8.1 Hoja de ruta de la ciencia al arte

Datos	→	Conocimiento	En época de la IA está en nuestra capacidad de crear órdenes para generar diferentes conocimientos
Conocimiento	→	Experiencia	Sin experiencia cualquier conocimiento no tiene capacidad de aprendizaje
Experiencia	→	Experiencias	Toda experiencia debe adecuarse a la situación, trazar perspectivas, significaciones y, ante todo, perseverar hasta tener valores
Experiencias	→	*Azione*	Dar con la acción diferente y que solucione prácticamente una actividad humana
Azione	→	Arte	Esta acción se convierte en referencia y excelencia en las acciones a ejercer en un futuro

Esta visión del líder creativo partiendo de los datos nos aporta una nueva consideración del humanismo. El humanismo tecnológico consiste en incrementar la capacidad de imaginación que nos puede aportar un entorno de hiperdatos. Por eso, es importante una visión leonardina en este momento que hay multitud de datos y que la diferencia humana viene por nuestra capacidad de imaginación[3].

2. Cómo desarrollamos la creatividad

Leonardo da Vinci nos aconseja desarrollar la creatividad a través de:

- Combinar disciplinas.
- Conexiones originales entre conocimientos de varias disciplinas.
- Configurar teorías sacadas de otras ciencias en tu propio conocimiento, como, por ejemplo, para Leonardo el conocimiento de cómo funcionaba la retina humana le permitió pintar *La última cena*.
- Valorar lo creativo por su practicidad.

Es decir, hay que cambiar conocimientos (hibridación), relacionarlos hipotéticamente (fecundación cruzada), establecer hipótesis en un campo con las teorías de otras disciplinas (extrapolación cognitiva) y someter cualquier innovación al rasero de lo práctico (pragmatismo conceptual)[4].

Gráfico 8.2 Cómo desarrollamos la creatividad

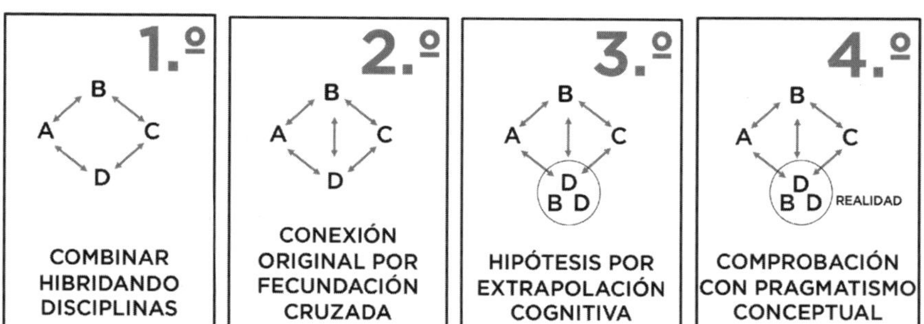

Todos copiamos de algo y de alguien. Aceptar que la originalidad necesita de elementos previos y que la riqueza y diversidad de estos, enriquece tu creatividad. Leonardo da Vinci copiaba de la naturaleza, hibridaba conocimientos (del vuelo de los pájaros al paracaídas), establecía conexiones superoriginales (del caparazón de la tortuga al tanque), establecía hipótesis nuevas al trasladar el conocimiento de otras disciplinas a lo que estaba haciendo (del conocimiento del funcionamiento del ojo al *sfumato* en su pintura), y por último, siempre sometía sus invenciones a la comprobación de su funcionamiento (la técnica de encausto en la pintura mural en el *palazzo* Vecchio en Florencia)[5].

Lo creativo se desarrolla ampliando tu visión profesional con otras disciplinas de aquí la importancia de que el líder conozca otras disciplinas y esté abierto al conocimiento de otras áreas para enriquecer su capacidad de hibridación.

Además, debe poner foco en las conexiones originales para crear ideas nuevas, fruto de aplicar en tu contexto otras ideas de otros contextos.

Estas conexiones necesitan un nuevo marco de referencia que supone desarrollar dicho conocimiento dentro de tu ámbito. Extrapolar el funcionamiento dentro de un nuevo contexto. Y tras probar estas nuevas hipótesis fruto de la extrapolación con la realidad de la aplicación y el resultado obtenido. Lo práctico en el centro de lo creativo[6].

3. Valor de la creatividad. Cultura creativa

Una organización necesita de aceptar el fallo, el error no solo porque posibilite la capacidad de aprendizaje como hemos visto anteriormente, sino también por la capacidad continua de crear una nueva realidad. El aprendizaje y la creatividad son dos procesos paralelos, y por tanto, consideran el error como una cultura de aprendizaje, y es tan importante como poner lo creativo como elemento diferencia cultural[7].

Tener una cultura creativa supone aceptar que:

- Tan importante es el resultado como la originalidad que empleamos para conseguir los resultados. En la matriz de aplicación de la creatividad buscamos lo creativo operativo, y no solo lo creativo ni solo lo operativo, porque lo creativo genera valor añadido, no por sí mismo sino porque protege a lo operativo con un gradiente diferencial y propio de tu empresa[8].

Gráfico 8.3 Matriz de aplicación de la creatividad

- Que este modelo de creatividad operativa lleva a considerar el error no solo como una parte del aprendizaje, sino como un elemento de la creatividad. Con lo que el *rigore ostinate* leonardino vuelve a apelarse como un elemento básico en un liderazgo creativo.
- Que la composición de equipos debe mezclar las disciplinas, que tenemos que crear espacios donde podamos compartir ideas de procedencias diversas, que debemos crear metodologías de proyectos donde se construyan hipótesis por extrapolación y tener un sistema de prueba continua para verificar la viabilidad de la innovación.
- Que la valoración profesional tenga inscrito el valor de lo creativo para promocionar y crecer dentro de las empresas. Tener imaginación potencia el entender una realidad con tanta incertidumbre y nos permite navegar con nuevas ideas en el proceloso océano de la competitividad.

Es decir, una cultura creativa se basa en:

- La excelencia creativa.
- El error creativo.
- Metodología y sistemas más creativos.
- El valor de lo creativo en la evaluación de las personas[9].

EL LÍDER CREATIVO

Características

- De los datos al conocimiento
- Del conocimiento a la experiencia
- De la experiencia al arte

Cómo se desarrolla la creatividad

- Hibridar conocimientos
- Fecundación cruzada
- Extrapolación cognitiva

Cultura creativa

- Excelencia creativa
- Error creativo
- Metodologías creativas
- Evaluar a las personas por su creatividad

9

CORPORALIDAD. EL LÍDER QUE TIENE BIENESTAR

El Bienestar es un concepto clave en estos momentos empresariales. La incertidumbre y la disrupción tecnológica nos lleva a apostar por el bienestar como un enorme refugio mental de serenidad. Por eso, es muy importante que el líder valore su bienestar propio, y, por ende, que el bienestar de sus equipos sea una máxima de gestión. El dilema de dicha apuesta por el bienestar nunca es una elección de Hobson[1]. Estas elecciones tipos ultimátum se trataría de elegir entre el bienestar o el trabajo, y, por tanto, generando un dilema de pensar que si tengo bienestar no tengo compromiso con el trabajo y viceversa. En este momento, es el bienestar que aporta tu empresa una variable mágica de tu compromiso con ella Ha cambiado el paradigma y no solo podemos apostar por la productividad, sino que para ser más productivos tenemos que invertir en el bienestar. El modelo de elección de Hobson que en el siglo XVI en Inglaterra ofrecía a sus clientes o el caballo que él quería o ninguno genera una limitación de pensamiento. Se puede y se debe tener bienestar en el trabajo a la vez de estar comprometido y ser productivo.

En su libro *Trabajar, un amor no comprendido* Sarah Jaffe[2] nos enseña la posible perversión cuando la empresa invierte por el bienestar de sus trabajadores. La trampa sutil de la tiranía que lo que te gusta hacer se convierta en la nueva forma de explotarte. Por eso, es importante entender que el bienestar es un concepto holístico y que necesita de dos tipos de bienestar. En mi libro sobre «La salud mental en el trabajo» explique el modelo de los factores de Bienestar[3].

Gráfico 9.1 Modelo de los 10 factores del bienestar

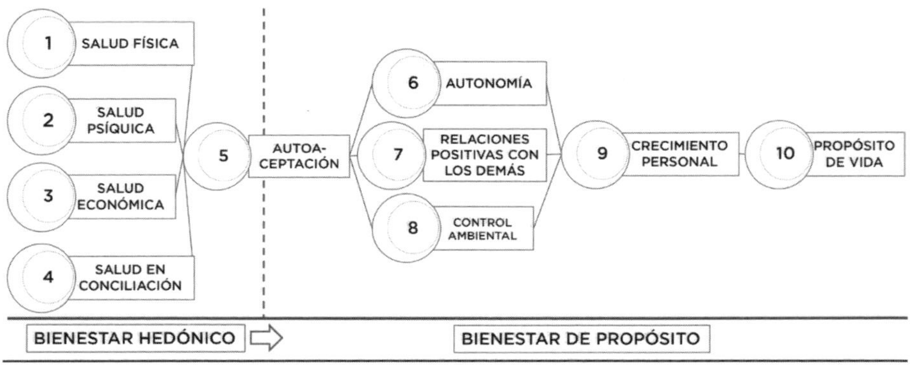

1. Cómo se lidera desde el bienestar

El bienestar hedónico es una condición necesaria y no suficiente para sentir el bienestar. Si no existen los cuatro niveles de salud (físico, psíquico, económico y de conciliación) no hay ningún tipo de bienestar. Pero necesitamos encontrar nuestro bienestar en lo que hacemos. Por eso, el bienestar de propósito que cubre los otros seis factores genera un gran avance para tu compromiso. Como vimos en el capítulo de los siete elementos de lo leonardino, el equilibrio vital necesita de los conceptos de bienestar psicológico que propuso Carol Ryff pero que yo me atrevo a matizar en cuatro momentos diferentes del bienestar de propósito[4].

El bienestar de propósito empieza por la autoaceptación, este concepto es básico para tener un propósito. Nadie se plantea un propósito sin un análisis realista de sus puntos fuertes y débiles. Y no solo lo tiene que conocerlos, sino también aceptarlos para tener bienestar. Y sin este primer escalón no podemos tener bienestar.

Tras la autoaceptación hay tres variables del bienestar diario que inciden en tu desarrollo:

- Autonomía. Capacidad de mostrar tu autoeficacia.
- Relaciones positivas con los demás. Capacidad de tener relaciones satisfactorias con la gente que te rodean.
- Control ambiental. Capacidad de reconocer las variables de tu entorno que te puede influir y mayor será dicho bienestar cuanto mayor sea el nivel de control.

Estas tres variables nos permiten dar el salto de la autoaceptación al crecimiento personal, cuando somos reconocidos por nuestro hacer, con la gente adecuada alrededor y con un cierto nivel de control de ambiente se puede crecer. El crecimiento personal es la base de todo crecimiento profesional. Hace muchos años Mick Cope[5] nos hablaba del capital personal, cómo cada persona tenemos la capacidad de crear nuestro propio capital a través del desarrollo personal (agrandando y profundizando) nuestro porfolio en cuatro ámbitos:

- Conocimientos (saber).
- Aptitudes (saber hacer).
- Actitudes (querer hacer).
- Emociones (querer sentir).

Este capital personal que conseguimos con el crecimiento personal es lo que nos posibilita plantear el propósito de tu vida profesional. Y el bienestar de propósito se consigue al fraguar este crecimiento personal en la hoja de ruta de tu propósito. El propósito que no es inmutable y evoluciona según vamos creciendo en conocimientos, aptitudes, actitudes y emociones se convierte en el configurador de nuestro bienestar, por tanto, de nuestro compromiso que incide en nuestra productividad.

El líder que tiene bienestar tiene que trabajar en que no falte el bienestar hedónico para él y sus equipos, pero sobre todo tiene que apostar por el desarrollo del bienestar de propósito de sus equipos y el suyo propio.

Leonardo da Vinci expresa su propósito vital con una famosa frase: «Siento deseos de hacer milagros», donde genera un propósito grande y retador. Su objetivo y propósito vital era comprender la vida y no se contentaba solo con tener la belleza, sino que tenía que saber para qué servía esta belleza. Es un ejemplo de bienestar diferente, lo que buscaba no era la fama, el reconocimiento, los bienes materiales, sino sin faltarles un adecuado nivel de bienestar hedónico (por eso sirvió a tantos condes y reyes) quería conseguir el bienestar de conocer todos los secretos de la naturaleza[6].

El bienestar en el líder no es solo sus condiciones satisfactorias vitales sino su nivel de consecución de su propósito en la vida. El líder que tiene bienestar ha trabajado en su crecimiento personal y profesional. El líder que crece personalmente hace crecer a sus equipos.

2. Cómo se desarrolla el bienestar

Sin duda, las políticas básicas del bienestar podemos centrarlas en política de prevención de riesgos laborales, condiciones laborales y modelos de conciliación familiar, personal y profesional.

Pero donde los líderes tienen que invertir tiempos y esfuerzo es en los elementos del bienestar de propósito. Habitualmente en nuestras interacciones con los líderes planteamos estas posibles técnicas de desarrollo para mejorar y desarrollar el bienestar de propósito[7]:

Coaching, *jobcrafting*, *teambuilding*, formación, retos organizacionales y visualización de carreras son técnicas que un líder tiene que conocer para desarrollar el bienestar de sus equipos[8].

Tabla 9.1 Desarrollo del bienestar

1.º nivel		**Bienestar hedónico**
		Condiciones físicas, psíquicas, económicas y de conciliación
2.º nivel		**Bienestar de propósito**
	Autoaceptación	Técnicas de *coaching* para conocerse cada persona
	Autonomía	Técnicas de *jobcrafting*. Haciendo crecer el rol en el trabajo, enriqueciéndolo con funciones de mayor nivel, o alargándolo con un mayor número de funciones diversas
	Relaciones positivas con los demás	Técnicas de *teambuilding* para hacer crecer las relaciones informales en grupos de trabajo (naturales o *ad hoc*)
	Control ambiental	Técnicas de formación para darle confianza en dominar las diferentes claves interpretativas del entorno y una metodología de proyectos que permita ejercer este control
	Crecimiento personal y profesional	Técnicas de asignación y promoción de retos organizativos para crecer al superar situaciones de enorme dificultad inicial, pero tras su experiencia van acomodándose a las capacidades de las personas que lo asumen
	Propósito de vida	Técnicas de visualización de escenarios de carreras personales y profesionales

3. Valor de la vida plena. Cultura del bienestar

Tener bienestar no implica una vida placentera, sí lo sería si solo buscásemos un bienestar hedónico, pero el de propósito necesita del esfuerzo, de los retos y de las metas que implica dotar de significado a tu trabajo. Lo que sí puede tener es una vida plena además de tener un adecuado nivel de vida placentera[9].

El concepto vida plena pasa por tener ocupación, pero que esté bien balanceada con el ocio, y que tenga una gran variedad de fuente de satisfacción y felicidad. Y para tener una vida plena que sea una verdadera vida de autor debemos tener en cuenta los cinco elementos de la vida plena:

Gráfico 9.2 Elementos de la vida plena

La introspección a través de técnicas contemplativas es el primer paso para tener una vida plena. Para poder parar, reflexionar, analizar y autoproponerte cambios en tus conductas, cogniciones, y valores. Autoaceptarte empieza por ejercitar tu capacidad de estar contigo mismo.

El control atencional es la posibilidad de cambiar de atención focalizada a distribuida, de cambiar libremente los momentos atencionales que te ayudan a tener sensación de plenitud, el cambio de atención genera sensación de dominio personal.

Las relaciones con el entorno y las personas que componen dicho entorno deben entenderse en un concepto de ecología emocional. Ecología de las emociones que te rodean por personas con diferentes niveles de toxicidad y, ante todo, con percepciones y emociones distintas frente a los acontecimientos que rodean cualquier acción humana[10].

La mentalidad de crecimiento para optar por decisiones que contengan aprendizaje y elegir aquellas soluciones creativas que nos permitan dar cada vez una respuesta más completa.

El bienser de ser el actor de tu vida personal y profesional. El propósito se consigue cuando se llega a un punto en el que el bienestar se ha instalado en tu forma de ser. De aquí el concepto de bienser, que en anteriores libros he querido exponer como el estado de aceptarse uno mismo por el nivel de concordancia con el propósito de vida querido.

Esta vida plena debe ser el objetivo de una cultura empresarial orientada al bienestar. La cultura del bienestar se basa en cambiar conceptos tradicionales de la relación de las personas con la empresa.

Gráfico 9.3 Cultura del bienestar

CULTURA DEL BIENESTAR
De recursos humanos a humanos con recursos
De contratos a aportaciones mutuas
De tiempo de trabajo a contribuciones de valor añadido
De la estrategia de la empresa al propósito de la empresa
De las condiciones laborales al Bienestar personal y profesional

Entonces, la cultura del bienestar se caracteriza por[11]:

- Poner a las personas en el centro de la empresa.
- Enfocarse en las contribuciones mutuas entre personas y empresa.
- Interesarse en lo que aportan la empresa y las personas.
- Poner atención en el propósito de la empresa (lo que quiere ser de mayor) y no solo en sus estrategias temporales.
- Poner el bienestar de las personas en el centro del compromiso persona-empresa.

EL LÍDER QUE TIENE BIENESTAR

Características

- Bienestar hedónico: físico, psíquico, económico y de conciliación

- Bienestar de propósito: autoaceptación, autonomía, relaciones positivas con los demás, control ambiental, crecimiento personal y propósito de vida

Como se desarrolla el bienestar

- Condiciones laborales
- Técnica de *coaching* para autoaceptarse
- Técnica de *jobcrafting* para tener autonomía
- Técnica de *teambuilding* para tener relaciones positivas con los demás y control ambiental
- Técnica de promoción de retos para crecimiento
- Técnica de visualización de escenarios para el propósito

Cultura de bienestar

- Personas en el centro de las empresas
- Foco en la contribución mutua
- Foco en la aportación mutua
- Centrarse en tener un propósito claro como empresa
- Visualizar el bienestar como parte del compromiso

10

CONEXIONES. EL LÍDER CON CAPACIDAD DE CREAR RELACIONES

Mucho se ha hablado de conectar conocimientos, pero tenemos que pensar en una visión más holística de las relaciones incluyendo además de conocimientos a las personas y los hechos (realidades). Una visión integral e integradora consiste en conectar para engrandecer la observación, crear mayores posibilidades de creatividad y tener más posibilidades de gestionar la adversidad que nos puede acontecer en un entorno de incertidumbre cuántica. Aquí surge el concepto del líder como un creador de relaciones. Relaciones de diversos tipos:

Gráfico 10.1 Interrelaciones sistémicas

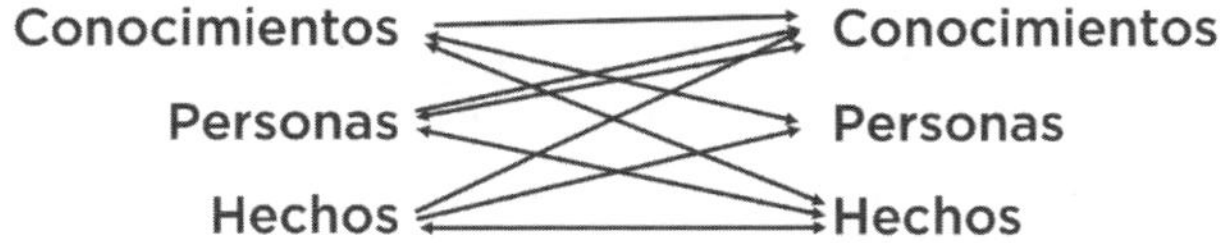

Esta red de relaciones permite crear conexiones inesperadas y necesita de algunos valores[1]

Gráfico 10.2 Valores para crear relaciones

HIBRIDAR CONOCIMIENTOS (mixtura)	+	RECONOCER PERSONAS (*networking*)	+	EXTRAPOLAR HECHOS (conjeturas)

La mixtura de conocimientos se basa en la mezcla lógica de paradigmas de otros mundos de conocimientos a otros. Cada discurso o palabra exclusiva de un campo puede cambiar otras ideas en otro campo por su poder evocador diferencial. Como decía Emil Cioran: «Toda palabra es una palabra de más»[2], por tanto, el conocimiento en un área crece cuando hacemos mixtura de conocimientos. Leonardo da Vinci decía: «Date cuenta de que todo se conecta con todo lo demás». Es una visión sistémica que apela a crear mixtura de conocimiento para avanzar creativamente en un determinado campo de conocimiento.

El *networking* o capital relacional es fundamental para establecer conexiones. No solo son las conexiones emocionales con las personas sino también el conocimiento del que sabe y qué personas conocen de un tema. Profundizar en el conocimiento, aptitudes y experiencias de las personas te da siempre un gran conocimiento táctico. Este conocimiento relacional o capital relacional se resume en esta forma expresiva: quién sabe qué y quién conoce a quién[3].

Y, por último, la extrapolación de un hecho que ocurre en un ámbito a otro es la conjetura, la famosa frase «y si...». Es importante generar un ámbito hipotético que nos permita crear un nuevo escenario relacional. Las conjeturas suponen un elemento claro de generación de ideas creativas y nos permite gestionar con una enorme diversidad de visiones por ubicar un hecho de otro contexto en el centro de otros entornos y con otros hechos.

Leonardo da Vinci nos instruyó en el uso de la extrapolación de formas de los animales y de la naturaleza al mundo de las armas dando lugar a cambiar la forma de combatir al poner el foco en formas diferentes de entender la realidad al extrapolar formas de animales y de la naturaleza[4].

1. El líder que sabe relacionar realidades distintas

El liderazgo basado en la relación e interconexión fructífera genera nuevas relaciones con nuevos conocimientos, nuevas personas y nuevos hechos. Y, por tanto, debemos tener una apertura mental para no fijarnos solo en el contenido, sino también en una visión modular. Todo conocimiento, personas y hechos tienen otra serie de relaciones que se multiplican como nos demuestra nuestra configuración neurológica de nuestro cerebro. La metáfora del líder cerebro por su desarrollo a través de las conexiones es muy adecuada para explicar cómo tiene que desarrollarse un líder leonardino.

En la neuropsicología hay tres conceptos[5]:

- Plasticidad cerebral o neuroplasticidad. Creación continua de nuevas conexiones cerebrales.
- Poda sináptica o neuronal. Eliminación de conexiones no muy utilizada para aprender, reforzando las que se utiliza.
- Huella cerebral. Perfil de conectividad único de cada cerebro.

Estos tres conceptos actuales de la neuropsicología nos permiten explicar la importancia del saber relacionar para un líder actual, que podemos ver en el siguiente gráfico[6]:

Gráfico 10.3 Modelo de líder relacional

El líder debe tener plasticidad para buscar continuamente nuevas relaciones entre los conocimientos, las personas y los hechos. Esta búsqueda de la relación entre entes diversos nos permite encontrar y desarrollar contenidos exclusivos que incrementen el valor añadido empresarial de este líder.

El concepto plasticidad es muy importante para dotar a las personas de capacidad para relacionarse entre ellos y con otros contenidos. El aprendizaje a través de relaciones permite establecer una red exclusiva de conexiones entre conocimientos, personas y hechos. Las relaciones pueden ser significativas (que, aunque pueden empezar virtualmente, luego se establece una relación más profunda) o meramente virtuales[7]. El conocimiento de los contenidos de las personas presencialmente y de los hechos a través de experiencia, nos permite tener un mejor capital relacional. Las relaciones virtuales pueden ser significativas, pero para ello necesitamos que se materialicen en conexiones presenciales.

No obstante, esta plasticidad debe acompañarse con un proceso selectivo para eliminar selectivamente relaciones que no se usan. Igual que en el cerebro las conexiones más débiles se suelen podar, en la vida diaria, un líder debe ejercer un proceso de eliminación de relaciones inanes. La poda relacional posibilita focalizarse en nuevas relaciones que pueden mejorar un conocimiento y posibilidades creativas y no quedarse en relaciones no útiles para el crecimiento personal y profesional.

Y, por último, creemos que el líder que sabe relacionar realidades debe tener una estructura relacional como un mapa mental de relaciones que le permita crecer en ideas, contactos y nuevas realidades. Esta visión sistémica debe tener en cuenta el límite cognitivo en las relaciones sociales, como indica el concepto del número de Dunbar del antropólogo de Dunbar[8] (no más de 150 contactos significativos por persona).

Esta limitación de Dunbar se supera a través de un modelo en red de conocimiento interrelaciónales, de personas conocidas y de hechos ocurridos. La utilización de mapas mentales nos permite representar gráficamente los conceptos interrelacionados. Hoy día es muy importante ubicar como tema central una pregunta y buscar en los tres niveles (conocimientos, personas y hechos) para configurar un escenario de relaciones. Vamos a analizar un ejemplo de mapa mental basado en preguntas.

Gráfico 10.4 Ejemplo de mapa mental basado en preguntas

Con este modelo de mapa mental frente a una pregunta, un líder plantea multitud de vías para relacionar conocimientos, personas y hechos, y crear una nueva realidad con nuevos contenidos para pensar[9].

Leonardo da Vinci es el vivo ejemplo de buscar conexiones de conocimientos, personas y hechos para generar un nuevo escenario de pensamiento.

2. ¿Cómo se desarrolla la capacidad de relación?

El líder es quien establece esta capacidad de relación y debe tener[10]:

- Una mentalidad abierta. Apertura a cualquier conocimiento, contacto y hecho que vivir.
- Aceptación de contenidos, personas y hechos diversos. Evitar decisiones de tipo túnel de escasez donde las decisiones por necesidad se impongan a otros criterios de desarrollo.

- Buscar similitudes en las relaciones y, ante todo, establecer lógicas entre contenidos que nos surjan de su similitud dando un enorme valor por su conexión.
- Profundizar en la lógica que se desprende de la nueva relación entre dos conceptos y analizar el nuevo escenario que se crea.
- Comprobar con un contraste externo la bondad de dicha relación, y analizar no solo sus consecuencias a corto plazo, sino también las que tenga a medio plazo.

En este desarrollo del líder con capacidad de relación se utilizan las siguientes herramientas:

- **Mentalidad abierta.** Siguiendo el libro de Adam Grant podemos desarrollarlo con una visión de humildad intelectual[11]. Es importante utilizar técnicas no acumulativas de conocimiento, sino utilizar más técnicas de inteligencia colectiva. Saber compartir porque nunca puedes saber todo. Modelos de *think tank*.
- **Diversidad temática.** Igualmente no debemos tener restricciones de tipos de temáticas para conjugar contenidos diversos. Modelos de sinéctica de creatividad.
- **Buscar lógicas** a través de discusiones entre diversas personas distintas para generar diferentes utilidades de las relaciones establecidas. Modelo de *brainstorming*.
- ***Focus group* o grupos de discusión.** Y para profundizar en la lógica de las relaciones establecidas se puede utilizar un modelo de *focus group* o grupos de discusión para desarrollar el conocimiento en torno a las nuevas relaciones.
- **Modelo *delphi*.** Por otra parte, el contraste externo podemos utilizar paneles de experto a través del método *delphi*, que nos sirva de contrapeso a la pura imaginación.

Como decía Leonardo da Vinci: «Una vez que hayas probado el sabor del cielo, siempre mirarás hacia arriba», una vez vista la fuerza de las relaciones no puedes dejar de estar continuamente buscando el valor de las relaciones entre todos los conocimientos, personas y hechos[12].

3. Valor de interrelacionar. Cultura relacional

Una empresa leonardina debe optar por el valor de la interrelación para crear nuevos escenarios estratégicos. Este valor de lo relacional en una empresa se basa en una visión amplia del *core business* y asumir que el futuro no depende solo de saber más de lo que se sabe, sino de saber cosas distintas.

Y, como decía Steve Jobs[13], se trata de unir los puntos para que con perspectiva en el futuro tengamos la explicación del valor que tuvo una experiencia posterior. Una empresa leonardina debe tener en cuenta los secretos que dijo Steve Jobs reformulado de esta forma:

- Pensamiento crítico (*critical thinking*). «Aquí no siempre se hizo así».
- Aceptación de lo diferente (disrupción diversa). «Aquí se crece con lo diferente».
- Integrar lo diverso (visión sistémica). «Aquí lo inclusivo es mejor que quedarse en ser diverso».
- Perspectiva de futuro (unir los puntos). «En el pasado hicimos cosas que generó el futuro».
- El fracaso del fracaso. «No aprender del error».

Pero lo que debe caracterizar a una cultura relacional son estos cuatro valores[14]:

- Todo es parte de un todo. Visión integral.
- Todo es susceptible de interrelación con los otros. Visión integrada.
- La relación es tan importante como el contenido. Valor interrelacional.
- La visión colectiva es más importante que la individual. Inteligencia colectiva.

EL LÍDER CON CAPACIDAD DE CREAR RELACIONES

Características

- Mixtura de conocimientos
- *Networking* con personas
- Conjeturas de hechos

Modelo de líder relacional

- Plasticidad relacional
- Poda relacional
- Huella relacional

Cómo se desarrolla la capacidad de relación

- Modelos de *think tank*
- Modelos de sinéctica
- Modelos de *brainstorming*
- Modelos de *focus group*
- Método *delphi*

Valores culturales

- Visión integral
- Visión integrada
- Valor de la interacción
- Inteligencia colectiva

11
CONCLUSIONES

En un momento de incertidumbre cuántica producido por una crisis de vulnerabilidad pospandémica y una irrupción radical de la inteligencia artificial nos permite exponer una nueva cultura de trabajo basada en el propósito y en el bienestar, y donde es muy importante el valor de los retos profesionales y la flexibilidad como ideas empresariales. Pero esta nueva cultura del trabajo debe comenzar con un cambio radical en la forma de trabajar pasando de una visión de un experto-sabio a la de experto-creativo. De estar en la respuesta a estar en las preguntas. Una nueva cultura de trabajo y unos nuevos tipos de trabajos que suponen un cambio de los perfiles de los empleados, de los líderes y de las empresas[1].

Con esta situación emerge el concepto de empresa renacentista donde se valora la rebeldía honesta, el ser un buen antepasado y se aprovechan los fracasos. Aquí emerge el profesional leonardino. Leonardo da Vinci es un modelo en esta nueva situación y como él decía: «Los detalles hacen la perfección, y la perfección no es un detalle». Las nuevas empresas deben encarar unos nuevos tiempos con un espíritu renacentista.

Aquí surgen los perfiles leonardinos o polímatas. Estos perfiles están compuestos por una hibridación de conocimientos, un florecimiento aptitudinal por la diversidad de experiencias y una actitud de vivencia positiva hacia el trabajo. Ser polímata en conocimientos, aptitudes y actitudes.

Con eso surge un líder leonardino basado en cuatro pilares[2]:

- Equilibrio personal.
- Orientación al cambio.
- Visión positiva de la vida.
- Resiliencia.

Este líder tiene que desarrollar su capacidad directiva con profesionales que se desarrollen en los siete elementos leonardinos, que junto a la nueva cultura del trabajo y las nuevas exigencias de trabajo generan un nuevo modelo social.

Podemos decir que el resumen del libro es:

Gráfico C.1 La nueva cultura leonardina

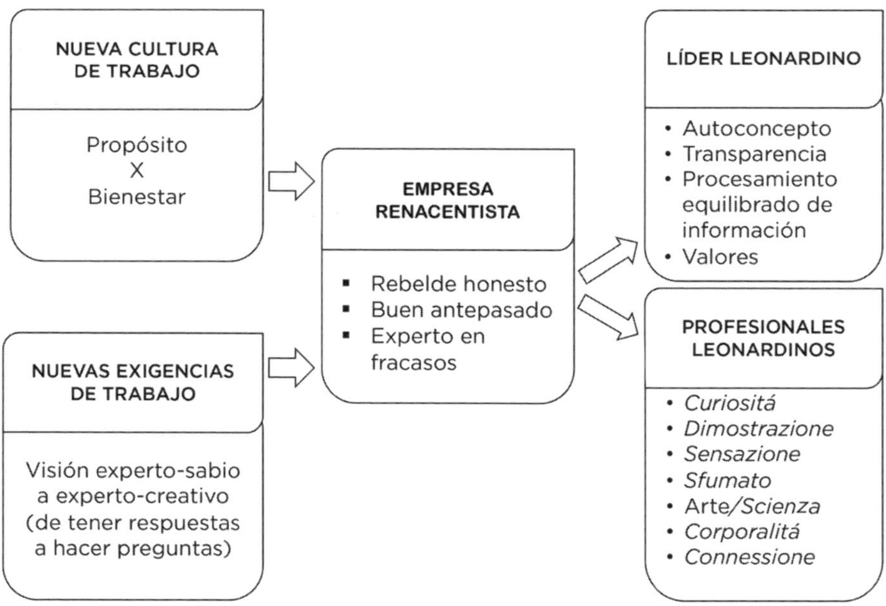

Con este esquema sabemos que el perfil del profesional, del líder y de las empresas tienen que cambiar porque si no, no vamos a dar respuesta a ese nuevo tipo de empresa, que surgen por la nueva cultura de trabajo y las nuevas exigencias que genera la tecnología.

Con todas estas ideas tenemos que empezar a trabajar en el desarrollo de líderes leonardinos y fomentar en las empresas una cultura renacentista[3].

1. Líder leonardino

El líder leonardino se basa en los siete elementos leonardinos que se pueden expresar en 34 conductas que tiene que hacer un líder. Que expresamos en un gráfico tipo diamante:

Gráfico C.2 Diamante del líder leonardino

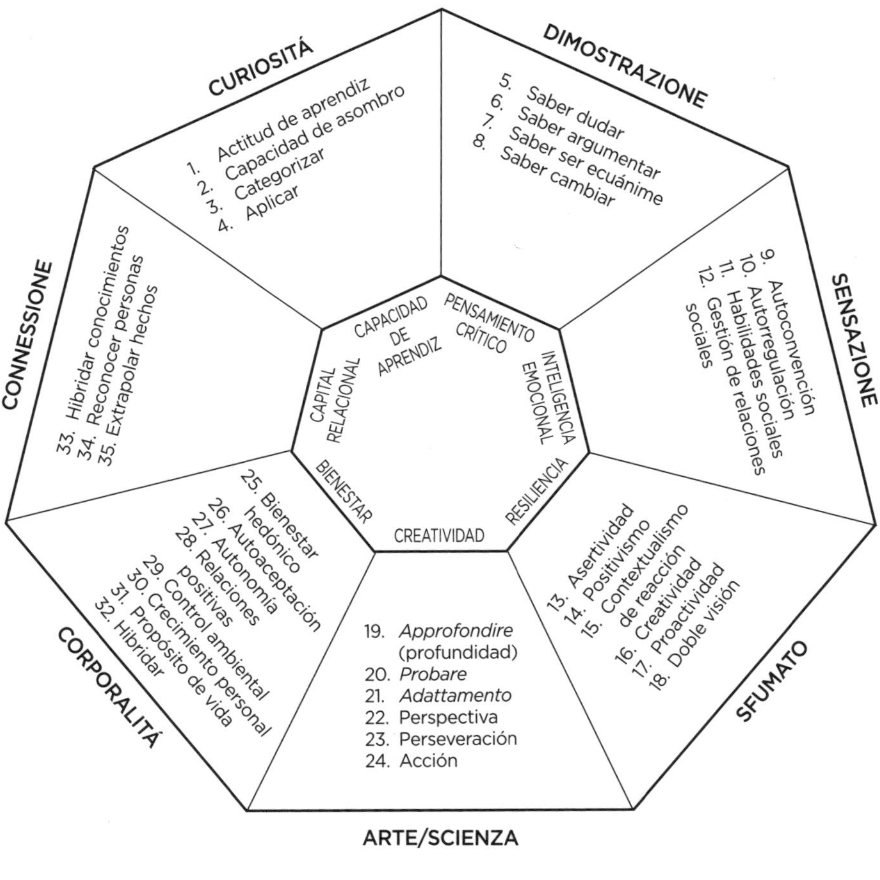

Estas siete características se pueden expresar de otra forma para poder evaluar el nivel de líder leonardino que tenemos todos, y os invito a utilizar el siguiente cuestionario para hacer un diagnóstico de nuestro nivel de líder leonardino[4].

Gráfico C.3 Perfil del líder leonardino

1	**Capacidad de aprendizaje**				
	Actitud de aprendizaje (1)	☐	☐	☐	☐
	Capacidad de asombro (2)	☐	☐	☐	☐
	Categorizar (3)	☐	☐	☐	☐
	Aplicar lo aprendido (4)	☐	☐	☐	☐
2	**Pensamiento crítico**				
	Saber dudar (5)	☐	☐	☐	☐
	Saber argumentar (6)	☐	☐	☐	☐
	Saber ser ecuánime (7)	☐	☐	☐	☐
	Saber cambiar (8)	☐	☐	☐	☐
3	**Inteligencia emocional**				
	Autoconciencia emocional (9)	☐	☐	☐	☐
	Autorregulación (10)	☐	☐	☐	☐
	Habilidades sociales (11)	☐	☐	☐	☐
	Gestión de relaciones sociales (12)	☐	☐	☐	☐
4	**Resiliencia**				
	Asertividad (13)	☐	☐	☐	☐
	Positivismo (14)	☐	☐	☐	☐
	Contextualismo (15)	☐	☐	☐	☐
	Creatividad de reacción (16)	☐	☐	☐	☐
	Proactividad (17)	☐	☐	☐	☐
	Doble visión (corto/medio plazo) (18)	☐	☐	☐	☐

5	**Creatividad**				
	Profundizar (19)	☐	☐	☐	☐
	Probar (20)	☐	☐	☐	☐
	Adaptarse (21)	☐	☐	☐	☐
	Tener perspectiva (22)	☐	☐	☐	☐
	Perseverancia (23)	☐	☐	☐	☐
	Acción (24)	☐	☐	☐	☐
6	**Bienestar**				
	Bienestar hedonista (25)	☐	☐	☐	☐
	Autoaceptación (26)	☐	☐	☐	☐
	Autonomía (27)	☐	☐	☐	☐
	Relaciones positivas con los demás (28)	☐	☐	☐	☐
	Control ambiental (29)	☐	☐	☐	☐
	Crecimiento personal (30)	☐	☐	☐	☐
	Propósito de vida (31)	☐	☐	☐	☐
7	**Capital relacional**				
	Hibridar conocimientos (32)	☐	☐	☐	☐
	Relaciones personales (33)	☐	☐	☐	☐
	Extrapolar hechos (34)	☐	☐	☐	☐

Con esta autoevaluación podemos reconocer nuestro nivel de liderazgo leonardino, y analizando cada área podemos identificar las medidas que tenemos que tomar para incrementar estas conductas.

Aquí tenéis las 29 técnicas que hemos mencionado para desarrollar este liderazgo[5].

Gráfico C.4 Técnicas de desarrollo del líder leonardino

Capacidad de aprendizaje	**Pensamiento crítico**	**Inteligencia emocional**
1. Aprendizaje observacional 2. Aprendizaje por retos 3. Aprendizaje con prototipos	4. Equipos directivos diversos 5. Diálogos con homólogos 6. Consejos de *coaching* 7. *Business cases* 8. Experiencia cliente 9. Experiencia empleado	10. Comprensión emocional 11. Comunicación emocional 12. Gestión emocional

Resiliencia	**Creatividad**	**Bienestar**	**Capital relacional**
13. Proceso equilibrado de información 14. Balance equilibrado de acciones posibles 15. Evaluación equilibrada de acciones	16. Hibridar conocimientos 17. Fecundación cruzada 18. Extrapolación cognitiva 19. Pragmatismo conceptual	20. Técnicas de coaching 21. *Jobcrafting* 22. *Team building* 23. Promoción por retos 24. Visualización de escenarios	25. Modelo de *think tank* 26. Modelo de sinéctica creativa 27. Modelo de *brainstorming* 28. Modelo de *focus group* 29. Método *delphi*

Este análisis topológico del perfil del líder y del porfolio amplio de posibilidades de desarrollo deben tener una visión leonardina de rigor, perseverancia y orientación a la utilidad de los conocimientos. Un líder leonardino debe seguir la máxima de ese genio que fue «igual que un día de provecho trae un sueño feliz, una vida de provecho trae una muerte feliz». El provecho de plantar ideas útiles por su practicidad e imitando a la naturaleza en el arduo valor humano de hacer para saber y saber para ser[6].

2. Empresas leonardinas

Las empresas tienen que reflejar una cultura adecuada a los líderes y profesionales leonardinos y se puede caracterizar en estos siete epígrafes:

Tabla C.1 Cultura de las empresas leonardinas

1	**Cultura de aprendizaje**	1. Aprender como invención empresarial 2. Crecimiento personal y profesional 3. Productividad por aprendizaje
2	**Cultura del error**	4. Aceptar el error 5. Gestión emocional del error. Relato del aprendizaje 6. Mentalidad de superación 7. Habitar el error 8. Aprender del error 9. Crecer tras el error
3	**Cultura humanista**	10. Valor de las *soft skills* 11. Valor de la diversidad 12. Propósito y crecimiento de los empleados
4	**Cultura del cambio**	13. Realismo perceptivo 14. Creatividad cognitiva 15. Acciones hacia el cambio
5	**Cultura creativa**	16. Excelencia creativa 17. Error por creatividad 18. Metodología creativa 19. Evaluar a las personas por su creatividad
6	**Cultura del bienestar**	20. Personas en el centro 21. Contribución mutua 22. Aportación mutua 23. Propósito de empresa 24. Compromiso por el bienestar
7	**Cultura relacional**	25. Visión integral de la empresa 26. Visión integrada de la empresa 27. Valor de la interacción humana 28. Inteligencia colectiva

La cultura de una empresa leonardina también se puede expresar de la siguiente manera:

Gráfico C.5 Cultura leonardina en una empresa

Y resumiendo todo el libro tenemos:

Gráfico C.6 Empresa leonardina

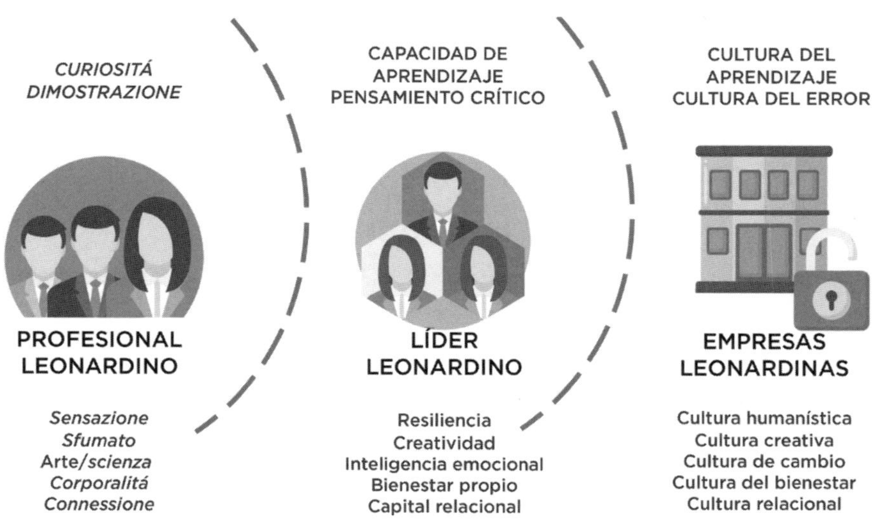

3. ¿Qué hace un Leonardo da Vinci como tú, en un sitio como este?

Todos podemos ser Leonardo da Vinci. Con esta manifestación, el primero que estaría de acuerdo sería el propio Leonardo. Y ¿por qué no? En una era donde no hace falta acumular conocimientos sino hacerse preguntas es más fácil ser leonardino. Cuando alguien me habla de los *prompt engineering* enseguida me sale la figura de este universal genio. ¿Quién ha preguntado más a la naturaleza que él? En su época, su IA era la naturaleza. Por eso, pienso que todos podemos llegar a ser polímatas como era Leonardo en un momento actual donde el saber no se acumula sino que solo se relaciona[7].

Esta imagen de Leonardo y la IA me ha perseguido durante los dos últimos años, fruto de esta obsesión, surgió este libro donde utilizo frases del propio Leonardo para enmarcar el cambio que tenemos que comenzar social y empresarialmente. Este cambio tiene cuatro perspectivas: humanización de la tecnología, perfiles profesionales diferentes, líderes distintos y un cambio profundo en la cultura de las empresas.

Los sentimientos ambivalentes que todo profesional tiene frente la imagen de la IA solo se solucionarán cuando tengamos una apuesta humanística. No podemos frenar la evolución tecnológica, y aún más con las lógicas del capitalismo de las plataformas, pero sí podemos adaptarlas a conceptos y emociones humanas. La tecnología como cualquier otra obra humana puede repensarse y reflexionarse desde el humanismo. Y en esta primera perspectiva abogo por un humano tecnológico que suponga un nuevo renacimiento, por eso, la figura de profesionales, líderes y empresas renacentistas que vuelvan a poner en el centro a la persona y apuesten por una ciencia libre de paradigmas mercantilistas para conseguir una regulación y desarrollo ético-humano de la IA[8].

Esta primera reflexión se combina con una nueva cultura de trabajo que hace variar los perfiles profesionales. Una nueva cultura donde el trabajo se concibe dentro del propósito y el bienestar de las personas y no tener un modelo de éxito cifrado solo en el prestigio y éxito empresarial. Esta nueva cultura de trabajo supone un nuevo perfil donde hemos encontrado su mejor expresión en los siete elementos de lo leonardino. Estas competencias leonardinas conjugan con una nueva forma de ver el trabajo y con unas nuevas actitudes hacia el mismo. Trabajar por retos y con flexibilidad para conseguir el propósito personal y con énfasis en el bienestar diario en el trabajo.

Humanizar la tecnología y desarrollar un nuevo perfil profesional no tiene ninguna validez si no cambiamos la forma de liderar las personas. Desde 2008 los conceptos del liderazgo auténtico han resonado para desarrollar un modelo nuevo de líder, que siguiendo las competencias leonardinas hacen emerger una serie de valores que cambia su forma de entender la función del líder. Aprender a ser crítico, ser emocional, gestionar la adversidad, ser creativo, tener bienestar propio y pensar que en la relación está el éxito y son las variables de este líder leonardino[9].

Pero líderes y personas leonardinas intentando humanizar la tecnología no tienen mucha validez si no son capaces de cambiar la cultura de las empresas. Las empresas deben valorar otras series de variables que integren y desarrollen a las personas que quieren estar en esa empresa. Por eso es importante desarrollar valores como el aprendizaje, el error, lo humano, el cambio, la creatividad, el bienestar y el capital relacional.

Personas, líderes y empresas leonardinas, ¿no son un sueño? Permítanme acabar con mi tótem ideativo que ha sido Leonardo da Vinci. Hay dos anécdotas de él que me gustaría compartir.

La primera es el fracaso en el currículo de Leonardo. La BBC pidió a dos expertos que revisaran el *curriculum vitae* (entonces no se llamaba así) de Da Vinci en una carta al duque Ludovico Il Moro y que está incluida en el *Codex Atlanticus*, y tras multitud de análisis sesudos, lo que más le impresionó fue el cambio de foco. Más que basarse en los méritos que había hecho se centró en los retos que tenía el dux, y planteó sus soluciones a dichas problemáticas. Y, además, tenía frases completas donde se alinea el propósito personal con el de su posible empleador. Frente a candidatos más prestigiosos históricamente, al final fue elegido Leonardo. Por tanto, tu *curriculum vitae* no está en lo que has hecho sino en lo que puedes y quieres hacer en una determinada empresa[10].

La segunda anécdota fue cuando pintó La última cena en el refectorio del convento de Santa Maria delle Grazie en Milán, entre 1495 y 1498. Además de ser una obra llena de simbolismo, como la agrupación de los apóstoles en tres grupos de tres para expresar la filosofía (verdad, bondad y belleza de Platón), la humanidad (cuerpo, mente y alma) y la religión (Padre, hijo y Espíritu Santo) y el único que queda solo fue Judas Iscariote y Pedro y Juan hablando sobre el propio Judas. Y sobre este es la anécdota, pues durante seis años buscó personas reales que representaran los doce apóstoles, y teniendo en cuenta el enorme valor que daba a los gestos y a las características de las personas reales que iban a ser modelo de sus apóstoles, le costó mucho tiempo. Buscando a Judas Iscariote, el que más le costaba de encontrar, le dijeron que había en un calabozo de Roma una persona con una cara muy apropiada. Le gustó a Leonardo y consiguió que lo trasladaran a Milán. Una vez que le sirvió para pintar y cuando le mandó volver a la celda, le dijo: «Leonardo da Vinci, ¿no me reconoces?» y el artista le dijo: «Nunca te había visto hasta que te conocí en el calabozo de Roma». Y este le contestó «¡Yo soy aquel joven cuyo rostro escogiste para representar a Cristo hace seis años!». Jesús y Judas representaban características humanas similares, toda persona puede ser ambas cosas (bueno y malo) y no debemos pensar solo en términos de ser malo o ser bueno, sino que personas que son buenas pueden tener una conducta mala y aquellas que tildas de malas pueden tener una conducta buena[11].

Estas anécdotas son leyendas o realidades, debemos situarlas en esta nueva cultura de trabajo donde lo que quieres hacer y lo que expresas tiene más importancia que tu mérito y tus bondades históricas.

Y, sin más, espero poder decir como Leonardo da Vinci: «Igual que me da provecho tiene un sueño feliz, una vida de provecho tiene una muerte feliz». ¡Sin duda, he sido muy feliz escribiendo este libro! Y espero que el lector lo haya sido si ha llegado hasta este párrafo.

En fin, hacer para saber, saber para ser y ser para ser feliz.

«Así como el hierro se oxida por falta
de uso, también la inactividad
destruye el intelecto».

—Leonardo da Vinci—

BIBLIOGRAFÍA

Introducción

1. Borges, Jorge Luis. (2017). *Borges inicial*. RAE.
2. Isaacson, Walter (2023). *Leonardo da Vinci, la biografía*. Debate.
3. Aristóteles. (2014). *Ética a Nicómaco*. Gredos.
4. Gelb, Michael J. (1999). *Pensar como Leonardo da Vinci*. Planeta.
5. White, Michael. (2002). *Leonardo, el primer científico*. De Bolsillo.
6. Newport, Cal. (2024). *Hazlo tan bien que no puedan ignorarte*. Península.
7. Da Vinci, Leonardo (2013). *Tratado de pintura*. Alianza.
8. Zöllner, Frank. (2014). *Leonardo da Vinci*. Obra Gráfica. Taschen.
9. Isaacson, Walter. (2023). *Leonardo da Vinci, La Biografía*. Debate.
10. Gálvez, Christian. (2015). *Matar a Leonardo da Vinci*. De Bolsillo.
11. Cantera, Javier. (2019). *Pragmata de Recursos Humanos*. Ed. Universitaria Ramón Areces.

Capítulo 1: Nueva cultura de trabajo

1. Rodríguez, José Luis y Cantera, Javier. (2010). *Conversaciones de coaching. La práctica del coaching en vivo y en directo*. Cultiva libros.
2. Quindimil, Diego. (2021). *Mundo pos-COVID. La psicología del trabajo tras la pandemia*. Gránica.
3. Zafra, Remedios. (2024). *El Informe*. Anagrama.
4. Hester, Helen y Srnicek, Nick. (2024). *Después del trabajo. Una historia del hogar y la lucha por el tiempo libre*. Caja Negra editores.

5. Buñuel, Wis. (2018). *Mi último suspiro*. Taurus.
6. Isaacson, Walter. (2023). *Leonardo da Vinci, La Biografía*. Debate.
7. Schein, Edgar H. y Van Maanen, John. (2013). *Carrer Anchors. The changing nature of work and careers*. Wiley.
8. Bandura, Albert. (2009). *Autoeficacia: Cómo afrontamos los cambios de la sociedad actual*. Desclee de Brouwer.
9. White, Michael. (2002). *Leonardo, el primer científico*. De Bolsillo.
10. Cantera, Javier. (2023). *La salud mental en la empresa*. LID Editorial.
11. Freud, Sigmund. (2011). *Introducción al psicoanálisis*. Alianza.
12. Bret y Russell. (2021). *Elogio de la Ociosidad*. Koan.
13. *La biblia comentada por los padres de la iglesia*. Antiguo Testamento Gn 1-11, editorial ciudad nueva (2021).
14. Baldwin, James. (2024). *El cuarto de Giovanni*. Sexto Piso.
15. García Salvattecci, Hugo. (2022). *Los grandes escolásticos*. Editorial Nueva.
16. Montaner, Ramón. (2009, 2002). *Leonardo, el primero que se comió el queso*. Gestión.
17. Zao-Sanders, Marc. (2024). *El método timeboxing*. Tendencias.
18. Hari, Johann. (2023). *El valor de la atención*. Península.
19. Lemmel, Inés C. (2024). *Las hormonas de la felicidad*. Amat editorial.
20. Coccia, Emanuele. (2024). *Filosofía de la casa*. Siruela.
21. Clark, Kenneth. (1993). *Leonardo da Vinci*. Alianza editorial.
22. Galdwell, Malcom. (2018). *Fuera de serie (Outliers)*. De Bolsillo.
23. Ericcson, Andos y Pool, Robert. (2016). *Peak. Secrets from the new science of expertise*. Harper Collins.
24. Peterson, Christopher; Marier, Steven P. y Seligman, Martin E. P. (1995). *Learned helpelessness. A theory for the age of personal control*. Paperback.
25. Han, Byung-Chul. (2024). *El espíritu de la esperanza*. Herder editorial.
26. Path, James. (2023). *Como dejar de pensar demasiado*. Brad Bury betsellers.
27. Racionero, Luis. (1978). *Conocer a Leonardo da Vinci y su obra*. Dopesa.
28. Echevarría, Javier y Almendros, Lola. (2023). *Tecnopersonas: como las tecnologías nos transforman*. Grama ediciones
29. Zuboff, Soshana. (2020). *La era del capitalismo de vigilancia*. Paidós.
30. White, Michael. (2002). *Leonardo, el primer científico*. De Bolsillo.
31. Isaacson, Walter. (2023). *Leonardo da Vinci, La Biografía*. Debate.
32. *Sinek, Simon. (2024). Empieza con el porque. Empresa Activa.*

33. López de Mantaras, Ramón y Meseguer, Pedro. (2017). *Inteligencia artificial.* Libros de la catarata/CSIC.
34. Murphy, James J. (1998). *La elocuencia en el renacimiento.* Ed. Visor Libros.
35. Wellman, Billy. (2019). *El renacimiento.* Libro de Explorando el pasado de Europa (12 libros). Captivating History.
36. Kashdan, Todd. (2022). *El arte de llevar la contraria.* Península.
37. Krznaric, Roman. (2022). *El buen antepasado.* Capitan Swing.
38. Selingman, Martin E. P. (2018). *El circuito de la esperanza.* Ediciones B.
39. Garin, Eugenio. (1993). *El hombre del renacimiento.* Alianza editorial.
40. Stamateas, Bernardo. (2018). *Fracasos exitosos.* B de Bolsillo.
41. Riechmann, Jorge. (2024). *Fracasa mejor.* La botica libros.

Capítulo 2: Perfiles leonardinos

1. Burke, Peter. (2022). *El polímata.* Alianza Editorial.
2. Ruiz Martin, Héctor. (2021). *¿Cómo aprendemos?* Editorial Grao.
3. Miralles, Francesc y García, Héctor. (2018). *El método ikigai. Despierta tu verdadera pasión y cumple tus propósitos vitales.* Debolsillo.
4. Da Vinci, Leonardo. (2014). *Alegorías, Pensamientos y Profecías.* Gadis.
5. Seligman, Martin P. (2011). *La vida que florece.* Ediciones B.
6. McGrew Jaime, Catherine. (2011). *Leonardo: masterpieces in Milán.* The life and Travels of da Vinci. Taschen.
7. Huxley, Aldous. (2010). *La filosofía perenne.* Edhasa.
8. Peter, Laurence J. (2020). *El principio de Peter.* Debolsillo.
9. Artegas, Luz. (2018). *Refranes mexicanos, Baja California México.* Sime books.
10. Kahneman, Daniel Sibony, Olivier y Sunstein, Cass R. (2023). *Ruido.* Debolsillo.
11. Shamar, Tal Ben y Ridgway, Angus. (2018). *Ser feliz es decisión tuya.* Alienta.
12. Selingman, Martin E. P. (2011). *La auténtica felicidad.* Ediciones B de Bolsillo.
13. Goñi, Carlos. (2020). *Pico della Mirandola.* Arpa editores
14. Valery, Paul. (2015). *Escritos sobre Leonardo da Vinci (La baba de medusa 4).* Antonio Machado Libros.
15. Pérez Monzón, Andrés y Cantera, Javier. (2020). *Líder sherpa.* Ed. Univ. Ramón Areces.

16. Mayo, Margarita. (2024). *Confianza. La revolución del liderazgo auténtico.* Almuzara.
17. Goleman, Daniel. (2014). *Liderazgo. El poder de la inteligencia emocional.* Ed. B.
18. Tiger, Rober. (2020). *Lecciones de liderazgo creativo.* Conecta.
19. Senge, Peter. (2007). *La danza del cambio.* Gestión 2000.
20. Sinek, Simon. (2025). *Los líderes comen al final.* Empresa Activa.

Capítulo 3: Los siete elementos de lo leonardino: competencias leonardinas

1. Da Vinci, Leonardo. (2013). *Tratado de pintura.* Alianza.
2. Gelb, Michael J. (1990). *Pensar como Leonardo da Vinci.* Planeta.
3. Cantera, Javier. (2005). *Estrategia integral e integrada de Recursos Humanos.* Editorial Pearson.
4. Ball, Philip. (2013). *Curiosidad. Por qué todo nos interesa.*
5. Da Vinci, Leonardo. (1987). *Codex Madrid I, II.* (edición facsímil). Ed Brisa.
6. Racionero, Luis. (2015). *La sonrisa de la Gioconda.* Stella Maris.
7. Isaacson, Walter. (2023). *Leonardo da Vinci, La Biografía.* Debate
8. Balbe, Bibiana. (2018). *Las 21 claves de la creatividad.* Lunwerg Editores.
9. Kenrick, Pat y Anderson, Trevor. (1987). *Hacia la capacitación provechosa.* The Industrial Triming Service Limited.
10. Cantera, Javier. (2013). *Experiencias en la dirección y en la gestión de recursos humanos.* Pearson.
11. Triviño Mosquera Mónica; Benlibre Serrano Judit y Arnedo Montoro, Marisa. (2019). *Neuropsicología de la percepción.* Síntesis.
12. Rosi Sulga, Dino. (2023). *Pausas activas en el proceso enseñanza. Aprendizaje.* Editorial Academia Española.
13. Gardner, Howard. (2023). *Una mente sintética.* Paidós.
14. Lovell, Oliver. (2020). *Sweller's cognitive Load Theory in Action.* Edit. John Catt.
15. Mullzinathan, Sendhil y Shafir, Eldar. (2013). *Scarcity.* Penguin Random House.
16. Nicholl, Charles. (2003). *Leonardo da Vinci. El vuelo de la mente.* Taurus.
17. Vasara, Giorgio. (2002). *Las vidas de los más excelentes arquitectos, pintores y escultores italianos desde Cimabue a nuestros tiempos.* Cátedra.

18. Bandura, Albert y H. Walters, Richard. (1990). *Aprendizaje social y desarrollo de la personalidad.* Alianza.
19. Zölner, Frank y Natlan, Johansses. (2014). *Leonardo da Vinci, Obra Gráfica.* Taschen.
20. Jiménez García, Alberto. (2021). *Leonardo da Vinci, Enigmas de un genio.* Viba.
21. Da Vinci, Leonardo. (2023). *Los cuadernos de Leonardo da Vinci.* Llibrería universitaria.
22. Geis Conti, Patricia. (2018). *Leonardo da Vinci, (¡Mira qué artista!).* Corbel editorial.
23. Da Vinci, Leonardo. (2024). *Pensamiento sobre el arte y la vida.* Editorial Motmot.
24. Janés, Clara. (2014). *El hombre, la naturaleza, la mirada Leonardo da Vinci.* Ediciones del Oriente y del Mediterráneo.
25. González Gazulla, Arsenio. (2023). *Leonardo da Vinci, ensayo breve sobre Leonardo y algunas de sus pinturas.* Independiently published.
26. Villoro, Luis. (2014). *El pensamiento moderno. Filosofía del Renacimiento.* Fondo de Cultura Económica.
27. Ryff, Carol D. y Singer, Burton H. (2001). *Emotion, Social Relationships and Health.* Oxford University express.
28. Philip, Maryann. (2014). *Da Vinci Detects: Murder and Sex: a Mystery of Homosexual Persecution in Renaissurnace, Italy Featuring its greatest artists.* Real History Mystery Press.com.
29. Cantera, Javier. (2023). *La salud mental en la empresa.* LID Editorial.
30. Grant, Adim. (2024). *Potencial oculto. La ciencia de conseguir grandes cosas.* Deusto.
31. Clark, Kenneth. (1995). *Leonardo da Vinci.* Alianza Editorial.
32. Yuste Rojas, Rafael. (2024). *El cerebro, el teatro del mundo.* Paidós.
33. Pink, Daniel H. (2018). *¿Cuándo? La ciencia de encontrar el momento preciso.* Alienta editorial.
34. Pink, Daniel H. (2022). *El poder del arrepentimiento.* Alienta Ed.
35. Newport, Cal. (2022). *Céntrate.* Península.
36. Gelb, Michael J. (1999). *Pensar como Leonardo da Vinci.* Planeta.
37. Newport, Cal. (2021). *Minimalismo digital.* Paidós.
38. Attali, Jacques. (2016). *Breve storia del futuro.* Editorial Fazi.
39. Burke, Peter. (2022). *El polímata.* Alianza editorial.

Capítulo 4: Curiosidad: el líder como aprendiz eterno

1. Cornella Solanas, Alfons. (2023). *Curiosidad = Felicidad y Éxito*. Profit editorial.
2. Zariquiey Biondi, Francisco. (2016). *Cooperar para aprender*. SM.
3. Kahnemann, Daniel. (2013). *Pensar rápido, pensar despacio*. De Bolsillo.
4. Hollins, Peter. (2021). *La ciencia del autoaprendizaje*. Peter Hollins Ediciones.
5. Hollins, Peter. (2021). *Polimatía*. Peter Hollins Ediciones.
6. Hollins, Peter. (2021). *Piensa como un genio*. Peter Hollins Ediciones.
7. Puchol, Luis y Orgallo, Carlos. (2018). *101 claves para formadores de empresas*. ESIC.
8. Racionero, Luis. (2015). *La sonrisa de la Gioconda*. Stella Maris.
9. Bandura, Albert y H. Walters, Richard. (1990). *Aprendizaje social y desarrollo de la personalidad*. Alianza.
10. Wilkins, Neil. (2019). *Inteligencia artificial: lo que necesita saber sobre el aprendizaje automático*. Amazon.
11. Isaacson, Walter. (2009). *Einstein, su vida y su universo*. B de Bolsillo.
12. Smith, Bernie y Vericat Polo, Pere. (2022). *KPI Checklists*. Amazon.
13. Garin, Eugenio. (1993). *El hombre del renacimiento*. Alianza Editorial.

Capítulo 5: Demostración: el líder que sabe cuestionar a la realidad

1. Bacon, Francis. (2024). *Ensayos completos*. Libre editorial.com.
2. Marco Aurelio. (2023). *Meditaciones*. Arpa editores.
3. María Ángeles, Quesada. (2022). *La virtud de pensar*. Libro Bolsillo.
4. Byung-Chul, Han. (2024). *La sociedad del cansancio*. Herder.
5. Kahnemann, Daniel. (2013). *Pensar rápido, pensar despacio*. De Bolsillo.
6. Forman, Jevrell. (2020). *Sesgos cognitivos*. Amazon.
7. Lewis, Michael. (2017). *Deshaciendo errores*. Amazon.
8. Stangroom, Jeremy. (2015). *El acertijo de Einstein*. Ediciones del Laberinto.
9. Hooks, Bell. (2022). *Enseñar pensamiento crítico*. Rayo verde editorial.
10. Wester, Anthony. (2021). *Las claves de la argumentación*. Ariel.

11. Bermejo Luque, Lilian. (2014). *Falacias y argumentación*. Plaza y Valdés editores.
12. Paoli Austerlita, Gabriela. (2020). *Salud digital*. Claves para un uso saludable de la tecnología. Amazon.
13. White, Michael. (2002). *Leonardo, el primer científico*. De Bolsillo.
14. Wey, John de. (2005). *Art as experience*. Penguin Publishing Group.
15. Cantera, Javier. (2004). *Coaching, mitos y realidades*. Pearson ed.
16. García Méndez, José F. (1997). *La cultura del error*. Planeta.
17. McBride, Cole. (2024). *Entrenamiento en Técnicas de escucha*. Cole McBride en español.

Capítulo 6: Sensaciones: el líder que tiene inteligencia emocional

1. Damasio, Antonio. (2022). *El error de Descartes*. Booket.
2. Goleman, Daniel. (1995). *Inteligencia emocional*. Kairós.
3. Goleman, Daniel. (2016). *El cerebro y la inteligencia emocional. Nuevos descubrimientos*. B de Bolsillo.
4. Goleman, Daniel. (2024). *Optimismo*: Rendimiento, empatía e inteligencia emocional. Kairós.
5. Preste, Mónica. (2023). *Tu cerebro emocional*. RBA libros.
6. Bradberry, Travis y Greaves, Jesu. (2012). *Inteligencia emocional 2.0*. Conecta ed.
7. Fosslien, Liz y West Duffy, Mollie. (2023). *Aprende a gestionar tus emociones*. RBA.
8. Santandreu, Rafael. (2024). *No hagas montañas de granos de arena*. Grijalbo.
9. Brackett, Marc. (2020). *Permiso para sentir*. Diana editorial
10. Da Vinci, Leonardo. (2023). *Los cuadernos de Leonardo da Vinci*. Llibreria universitaria.
11. Goleman, Daniel. (2019). *Inteligencia emocional en la empresa*. B de Bolsillo.
12. Bariso, Justin. (2020). *Inteligencia emocional para la vida cotidiana: una guía para el mundo real*. Sirio editorial.
13. Goleman, Daniel. (1999). *La práctica de la inteligencia emocional*. Kairós.
14. McGrew Jaime, Catherine. (2011). *Leonardo: Masterpieces in Milán*. The life and Travels of da Vinci. Taschen.
15. Miguel, Jerónimo. (2024). *Vivir el Humanismo hoy*. Ed. La Llave.
16. Hartly, Scott. (2020). *Menos Tech y más Platón*. LID Editorial.

17. López Rosetti, Daniel. (2018). *Emoción y sentimiento. No somos seres racionales, somos seres emocionales que piensan*. Ariel.
18. Isaacson, Walter. (2023). *Leonardo da Vinci. La Biografía*. Debate.

Capítulo 7: *Sfumato*: el líder resiliente

1. Cordero Verdugo, R. Rebe. (2021). *Habilidades comunicativas en entornos VUCA*. (coord.) McGraw Hill.
2. Johnson, Jolinda. (2024). *Resiliencia. 10 pasos para combatir el síndrome de desgaste profesional (o bournout)*. Ed. Cinco Tintas.
3. Wallace Blume, Marina. (2018). *50 grandes ideas e inventos de Leonardo da Vinci*.
4. Salanova, María. (2022). *Resiliencia*. Shackleton books.
5. Castanyer Mayer-Spiess, Olga. (2013). *Asertividad en el trabajo: cómo decir lo que siento y defender lo que pienso*. Conecta.
6. Izadi, Shahroo. (2019). *El método de la amabilidad*. Aguilar.
7. Kahneman, Daniel Sibony, Olivier y Sunstein, Cass R. (2023). *Ruido*. Debolsillo.
8. Weiner, Eric. (2022). *La geografía de los genios*. Urano.
9. Da Vinci, Leonardo. (1987). *Codex Madrid I, II (edición facsímil)*. Ebrisca.
10. Heider, Fritz. (2018). *Studies in the Psychology of the Deaf*. Forgotten books.
11. Heider, Fritz. (2020). *The psychology of interpersonal relations*. Barakaldo books.
12. Nordell, Jessica. (2022). *El fin del sesgo*. Tendencias.
13. Hartweg, Daniel. (2024). *Organización de alto rendimiento*. Amazon.
14. Sanviesens, María Luisa. (2022). *Identidad de la Gioconda*. Vivalibro.
15. Oakley, Barbara. (2018). *Cambiar de mentalidad*. Ediciones Obelisco

Capítulo 8: Arte y ciencia: el líder que es creativo

1. Sanviesens, María Luisa. (2022). *Identidad de la Gioconda*. Vivalibro.
2. Zölner, Frank y Natlan, Johansses. (2014). *Leonardo da Vinci, Obra Gráfica*. Taschen.
3. Isaacson, Walter. (2023). *Leonardo da Vinci. La Biografía*. Debate.
4. Wilson, Edward O. (2018). *Los orígenes de la creatividad humana*. Crítico.
5. Jiménez García, Alberto. (2021). *Leonardo da Vinci. Enigmas de un genio*. Liba.

6. Kurtis Uvra, Mónica. (2021). *Potencia tu creatividad de la mano de la neurociencia*. Larousse.
7. Pearl, Susie. (2021). *El pequeño libro de la creatividad.* Alienta Editorial.
8. Catmull, Edwin. (2024). *Creatividad SA. Como llevar la inspiración hasta el infinito y más allá*. Conecta.
9. Inger, Robert. (2020). *Lecciones de liderazgo creativo.* Conecta.

Capítulo 9: Corporalidad: el líder que tiene bienestar

1. Holland, Robert. (2011). *Hobson's Choice*. Kindle Unlimited.
2. Cantera, Javier. (2023). *La salud mental en la empresa.* LID Editorial.
3. Garner, Samantha. (2023). *La salud mental y el bienestar.* Narcea.
4. Calle, Sergio de la. (2023). *No crees tu trabajo.* Empresa Activa.
5. Cope, Mick. (2001). *El conocimiento personal.* Un valor seguro. Pearson.
6. Gelb, Michael J. (1999). *Pensar como Leonardo da Vinci.* Planeta.
7. Bard, Ellen M. (2023). *Herramientas para mejorar tu bienestar en el trabajo.* Amat editorial.
8. McQuaid, Michelle y Kesn, Peggy. (2024). *Tu plan de Bienestar. Sentirse bien y hacerlo bien en el trabajo.* Independent published.
9. Rocha Sobrinho, Fabio y Barreiros Porto, Juliana. (2024). *Bienestar en el trabajo.* Ediciones Nuestro Conocimiento.
10. Ollé, Ramón. (2007). *Ángeles en el trabajo. El bienestar de una empresa.* Empresa Activa.
11. Serrano, Jordi y García, Santiago. (2013). *El ocaso del empleo. Cómo sobrevivir en el futuro del trabajo.* Libros de Cabecera.

Capítulo 10: Conexiones: el líder con capacidad de crear relaciones

1. Tempest, Kae. (2021). *Conexión.* Sexto piso.
2. Cioran, Emil. (2020). *En las cimas de la desesperación.* Planeta.
3. Quintas, Cipri. (2017). *El libro del networking.* Alienta.
4. Dutilh, Fernando. (2010). *Los años perdidos de Leonardo da Vinci.* Imagine.
5. Martínez-Horta, Saul. (2023). *¿Dónde están las llaves? Neuropsicología de la vida cotidiana.* Geoplaneta.
6. Carrión, Jane Lean. (2015). *Fundamentos de neuropsicología humana.* Síntesis.

7. Armstrong, Tomas. (2021). *El poder de la neuroplasticidad*. Paidós.
8. Dubar, Robin. (2023). *Amigus. El poder de nuestras relaciones más importantes*. Paidós.
9. Moar, Antonio. (2013). *Pregunting. Deje de buscar respuestas, invierta en preguntas*. Empresa Activa.
10. Covey, Stephen M. R. y Merrill, Rebeca R. (2024). *La velocidad de la confianza*. Paidós.
11. Grant, Adam. (2022). *Piénsalo otra vez. El poder de saber lo que no sabes*. Deusto.
12. Gálvez, Christian. (2015). *Matar a Leonardo da Vinci*. Debolsillo.
13. Isaacson, Walter. (2014). *Steve Jobs. Lecciones de liderazgo*. Debate
14. Alonso, Mario y Cantera, Javier. (2024). *Talento, Empresa y Cultura*. LID Editorial.

Conclusiones

1. Stulberg, Brad y Magness, Steve. (2018). *Máximo rendimiento*. Sirio ed.
2. Smiles, Samuel. (2017). *Self Help*. Biblock.
3. Burckhardt, Jacob. (2023). *La cultura del Renacimiento en había un ensayo*. Akal.
4. Phillips, John. (2007). *Leonardo da Vinci. El genio que definió el Renacimiento*. Altea.
5. Allen, Peter. (2021). *Liderazgo inspirador*. Amazon.
6. Da Vinci, Leonardo. (2013). *Tratado de pintura*. Alianza.
7. White, Michael. (2002). *Leonardo, el primer científico*. Debolsillo.
8. Kaplan, Jerry. (2017). *Inteligencia artificial*: Lo que todo el mundo debe saber. Teell editorial.
9. David, Susan. (2018). *Agilidad emocional*. Sirio.
10. *Isaacson, Walter. (2023). Leonardo da Vinci. La Biografía. Debate.*
11. Gelb, Michel J. (1999). *Pensar como Leonardo da Vinci*. Planeta.